鄭永年論中國：

中國民族主義新解

U0061672

Yongnian Zheng

Discovering Chinese Nationalism in China

Modernization, Identity, and International Relations

鄭永年……著

陳納慧……譯

謹以此書獻給我的母親褚鳳香

和緬懷我的父親鄭堂土（1911—1997）

目錄

第一章　在中國發現中國民族主義

第二章　國家權力危機中的民族主義和國家主義

繁體字版序

香港三聯書店李斌編輯來信邀請我為《中國民族主義新解》的繁體字版的出版寫一個新序，我欣然答應。剛好利用這個機會，向讀者說明一下這本書的寫作背景及其和今天現實的相關性。

其實，作者在寫每一本書的時候總有一個時代背景，書中所呈現的觀點便是作者對這個時代尤其是對這個時代所發生的一些大事情的思考。如果把書中的觀點和這個時代背景分離開來，那麼讀者就很難理解作者為什麼會有這樣那樣的觀點及其這些觀點的意義了。

作者 1995 年在普林斯頓大學完成有關中國中央地方關係的博士論文。在學術界，一般的習慣就是在博士畢業之後先把博士論文修改成論文或者專著出版，然後再找另一個研究課題。作者也是這麼計劃的，因此也把論文寄給幾家出版社進行評審。但是，當時美國中國研究領域的一個被廣泛討論的問題就是中國民族主義。今天國人對西方學界和政策界的"中國威脅論"已經習以為常了。但"中國威脅論"早在 1990 年代初就已經開始了。所以,在我博士論文收尾階段,我就開始構想一個中國民族主義的研究項目,當時主要想的就是要"糾正"西方學界和政策研究界對中國民族主義的看法,或者更精確地說,是要提供對中國民族主義的一種不同解讀。1995 年,我寫好這樣一份研究計劃書,用這份計劃書去申請美國"社會科學研究會——麥克阿瑟基金會"(SSRC-MacArthur Foundation)的國際和平與安全(International Peace and Security)項目,並且順利地獲得了研究基金。當時,我想,基金會大概是認為中國民族主義與國際和平和安全的高度相關性吧。有了基金會的資助之後,我就寫信給當時哈佛大學費正清研究中心主任傅高義(Ezra Vogel)先生,說我想去費正清中心完成這一為期兩年的研究計劃。之前我並不認識傅高義先生,但先生馬上回覆說非常歡迎我去費正清中心做研究,說這個研究課題很重要,也可以和哈佛的其他研究者就相關問題進行討論。

傅高義先生的判斷是正確的。儘管人們不知道未來會發生什麼具體的事情或者事情會以什麼樣的方式表現出來,但是大家都會感覺到一些事情會發生。1995 年,李登輝訪問美國之後,1996 年就發生了台海危機。我是 1995 年 9 月份到哈佛的。今天依然記得當時美國的媒體對中國大陸的批評甚至無端的攻擊，有些甚至把中國民族主義視為是“邪惡”的化身。哈佛的學者尤其是研究中國的學者每每發表言論都會對中國民族主義加以批評，認為台海危機是中國民族主義崛起的表現形式。台海危機無疑惡化了美國的“中國威脅論”。

台海危機對我的這項研究起到了兩個作用。第一是推動作用。我覺得這個研究課題不僅僅在理論上重要，更具有實踐意義。第二是反思作用。我本來的計劃是想把我對近代以來的中國民族主義的思考“敘述”出來，但台海危機促使我去回應當時美國“思想市場”上各種對中國民族主義的看法和觀點，從而使得我的觀點更具有針對性。

我相信，近代以來中國民族主義主要是在回應中國的外部環境中產生和發展起來的，具有“反應性”。近代民族主義是西方的產物，更確切地說，是法國大革命的產物。中國傳統表現為文化主義，本來就缺失西方這種民族主義。在中國傳統形式國家被西方近代形式的國家打敗之後，中國的精英才轉向了訴諸於西方式的民族主義。但是，西方的民族主義和中國傳統文化依然格格不入。中國民族主義的本質就是中國傳統國家的轉型和重構，但這個過程必然受制於外部國際環境的制約和影響，因此每當外部環境發生重大變化，對內部的民族國家轉型和重構產生重大影響的時候，國人的民族主義情緒就高漲起來。因此，我認為那種認為中國民族主義是針對西方的、是反西方主義的看法是站在西方的立場、而不是站在中國的立場看中國民族主義的。

書稿的寫作不到兩年就完成了。英文稿的名稱是 *Discovering Chinese Nationalism in China: Modernization, Identity, and International Relations*（《在中國發現中國民族主義：現代化、認同和國際關係》）。從副標題可以看出這本書是要探討中國的現代化、國家認同和中國的國際關係之間的關係。寄到劍橋大學出版社評審的時候，其中一位評審說，我在書中批評了那種以西方為中心的對中國民族主義的看法，但這本書的書名本身是否也有"中國中心論"的看法呢，並建議刪掉"在中國"這個詞，把書名改成《發現中國民族主義》即可。但我還是堅持了，因為我認為站在倫敦與紐約和站在北京與上海，看中國民族主義自然有不同的視角和看法。社會科學和自然科學不同，研究者不可避免地會有一個立場問題。即使人們可以排除政治和意識形態等因素的影響，但也很受排除文化價值的影響。但有文化價值的影響並不是說研究者不能做到客觀。如果光有一個立場，那麼研究就會充滿偏見與謬論；但如果在立場的基礎之上有豐富的經驗材料，那麼就會呈現事實與真相。近代社會科學因此都是實證的和經驗的。

英文書在 1999 年出版。20 年之後，東方出版社出版簡體中文版。編輯覺得原書書名過長，因此建議改成《民族主義新解》，我也同意了。但這個"新解"是針對西方學者對中國民族主義的看法而言的。

歷史不會簡單重複，但歷史總是以相似的方式再現。近年來，美國急速改變其台灣政策，已經導致了中國民眾的民族主義情緒高漲。美國眾議院院長佩洛西竄訪台灣造成了新一波台海危機。中國民族主義再次成為人們關注的焦點。我對中國民族主義的主要觀點依然沒有變化，這次台海危機和上次台海危機中，中國民族主義的表現和性質並沒有什麼不同，中國人的民族心理結構並沒有什麼變化。

藉這次繁體字版的出版，想強調的一點是，中國民族主義是中國國家轉型和建構的內在部分；只要民族國家的轉型和建構在繼續，民族主義不就會消失。對國人來說，我們需要的是理性的民族主義，即一種可以轉化成為制度的民族主義，而非簡單的情緒表達和非理性的民族主義。

鄭永年

香港中文大學（深圳）校長講座教授

前海國際事務研究院院長

2022 年 8 月 25 日

譯者序

　　鄭永年老師的《中國民族主義新解》的英文原書出版於 1999 年。20 年過去了，中文讀者終於可以通過閱讀較為全面地了解鄭老師在 20 世紀 90 年代對於中國民族主義的真知灼見。

　　該書的翻譯始於 2014 年我在新加坡攻讀博士期間，而鄭永年老師在萌生撰寫此書的最初想法時，也正是美國普林斯頓大學的博士生。翻譯此書前，我有幸在新加坡多次受教於中年學者鄭永年，而研讀此書則是我跨越時空與同齡的青年學者鄭永年對話。美國與新加坡、20 世紀 90 年代與 21 世紀第二個 10 年，兩代中國留學生在西方和亞洲的異域回望母國，這種回望在時代變遷中承續同一個主題，即中國的民族主義。這種承續性是理論與現實的雙重需要，反映了《中國民族主義新解》在英文版問世 20 年後依然所具有的生命力。在此，我僅就自己在新加坡的觀察和思考對《中國民族主義新解》於後輩學者的啟迪意義略作論述。

　　鄭永年在《中國民族主義新解》一書中指出，到了鄧小平的改革時代，一種不同於傳統排外主義的新的民族主義在中國興起。這一新民族主義通過界分中華文明和西方文明來強調中國性。我認為，在理論層面，此點可從兩個相互關聯的角度來加以理解和進一步思考：一方面，中國民族主義的核心要義由愛國主義轉化為新時期的文明，意味著文明認同和民族主義在一定程度上合流了。更確切地說，當民族主義站在中華文明與西方文明之間時，對中華文明的認同和中國民族主義也就成了同一枚硬幣的兩面。中國民族主義對西方文明的攻訐所要建立的是中華文明域的內部認同，而這一文明域的覆蓋面顯然遠超中國。另一方面，與其說中國新民族主義將中華文明與中國民族主義合流，不如說是要以文明思維來補充民族主義思維，以超越在民族國家的框架內思考國際關係的局限性。

　　在國際關係的現實層面，中華文明滲入中國民族主義的一個直接結果是，中國人在看待海外華人時更加難以辨清他們的國家認同和文明認同的嚴格界限，這也增加了中國國內對海外華人和他們的所在國認知的複雜性。以我研究中新關係所得的發現為例，通過將華族人口佔四分之三強的新加坡囊括在中華文明的"大傘"下，中國傾向於對其採取一種以文明從屬拉攏政治立場甚至贏得政治從屬的外交策略。然而，在新加坡方面，對新加坡的政治認同和對中華文明的文化認同在很多情況下構成一種緊張關係。他們堅持要澄清兩點。首先，中華文明不應佔據新加坡文化空間的全部，它與其他文明尤其是西方文明，共同形成新加坡的文化認同。政府在推廣中華文化的同時，又力圖控制它在包括馬來文化、印度文化在內的文化拼盤的影響力比重，以使其恰到好處地服務於建構全體新加坡人的文化認同，而不是讓華族的文化認同摧毀新加坡人的文化認同。其次，新加坡的領導者再三強調要將中華文明與中國相區分。新加坡所依從和依附的是前者，而不是後者。

由此可見，以文明為認同基礎來理解現代世界政治和國際關係面臨著諸多嚴峻的挑戰，這也為中國如何藉中華文明復興的契機，在影響和定義世界秩序上發揮有效作用提出新的思考點。事實上，撇開中華文明與民族主義的界分，單就考察新加坡的文明從屬本身，新加坡文明屬性的秤砣往往在西方一側。新加坡的文化和文明從屬的歷史發展和演變也說明，文明的影響域並不是固定不變的，它是一個不停變化的涵蓋面。決定某一文明影響力的固然有其所承載的文化內容，但更重要的卻是代表和代言此文明的國家實力。中西文明在新加坡這一角逐場的勝負走向，在很大程度上取決於未來中美實力的比拚結果。新加坡會越來越傾向於從屬於中華文明嗎？新加坡人會越來越樂於接受、學習和實踐中華文化和價值觀嗎？如果中國真正崛起為世界強國，那麼回答是肯定的。

在此譯著出版之際，以上是我最想表達的觀點。

最後，我要感謝為此書的翻譯工作提供過協助的鄭永年老師、東方出版社的編輯以及幫助尋找相關資料的同學和朋友。翻譯工作的主體完成於 2015 年我在美國哥倫比亞大學訪學期間。哥大豐富的圖書館藏和高效的館際互借等服務為我的翻譯工作提供了極大的便利。對於《中國民族主義新解》一書所引用的中文文獻，我都力圖尋找到原始資料以最大程度地為中文讀者展現作者所要表達的原意。

陳納慧

2019 年 5 月於北京昌平

英文版序言

    撰寫一本有關中國新民族主義的專著的最初念頭，是筆者在普林斯頓大學攻讀博士學位期間形成的。1992年，鄧小平在視察南方談話中強調中國應借鑒市場經濟以保持經濟的高速增長。視察南方談話推動了中國經濟的持續增長。國家經濟實力的增強使中國民眾重拾民族自豪感，也助長了他們的民族主義情緒。外界觀察家開始思考中國崛起對於世界的意義，他們從歷史經驗推測，中國也將如同其他曾經崛起中的大國那樣，對既存的世界秩序構成挑戰和威脅。但不少中國人卻很難理解，為何西方無視中國相對落後的現狀，如此執迷於中國的崛起。

    在分析中國崛起的世界影響時，應將中國國內的因素考慮在內。在與普林斯頓大學的政治學教授阿圖爾‧科利（Atul Kohli）討論了筆者有關中國新民族主義的初步想法後，筆者意識到，對於像中國這樣的發展中國家，國家的興衰是何等重要。於是，筆者決定撰寫此書以深入討論這一話題。

為民族主義下定義

在有關民族主義的浩繁文獻中，筆者發現很難為民族主義找到一個確切的定義，也沒有哪個單獨的定義可以涵納民族主義的各個方面。具體到中國的民族主義，相關的研究亦是多層面的（Wang，1996b）。無疑，要以一項研究來講清楚中國民族主義的各個層面，是很困難的。在此書中，筆者將重點放在民族主義作為國家認同的特性以及它如何影響了中國人對中國國際地位的認知上。

顧名思義，民族主義與"民族"有關。民族同樣是一個很難定義和解釋的概念。一部分學者在闡釋民族主義時，通常避免使用"民族"一詞。查爾斯‧蒂利（Charles Tilly，1975：6）指出："在政治學詞典中，民族是最令人困惑也是主觀色彩最濃的概念之一。"他更願意使用"國家"一詞。但國家與民族顯然並不能等同，如林蔚（Arthur Waldron，1985：417）所言："'民族'擁有一些'國家'所不具備的東西：那就是'民族主義'所蘊含的無可比擬的情感、熱情和合法權利。"這是因為，民族同時具備語言、宗教和共同的血統這樣的客觀特性，以及以民族意識和情感為代表的主觀特性（Kellas，1991：2）。

圍繞著民族國家這一概念，民族主義的定義也千變萬化，但它的主要內容還是清楚的。民族主義包含兩個重要層面：機構和認同。首先，民族主義最終要通過機構表現出來。尤其是在國際關係中，個體的民族主義情感或觀念，在被組織起來之前是無足輕重的。在現代民族國家體系中，最重要的機構就是國家。如克勞福德‧揚（Crawford Young，1976：72）所言："只有現代國家才能成功表達民族主義。"其次，民族主義事關歸屬感和認同感。民族認同不應與種族、族群、文化、語言、宗教等認同相混淆。民族認同歸屬於某一特定的民族國家。楊（Young，1976：71）指出："民族主義是一種有關認同的意識形態。通過將民族規定成歸屬感的終極指向，民族主義向民族賦予無上的精神權力。民族主義是一種深邃的政治學理論；它主動地為民族這一共同體承擔義務，而非僅僅是被動地處於從屬的位置。"在極端情況下，民族認同表現為"人民願意為了他們的民族而犧牲生命"。（Kellas，1991：3）

民族國家與民族認同是民族主義的兩個方面，它們相互聯繫。欣斯利（F. H. Hinsley）提出，可以把民族主義理解為：

一種將政治歸屬感投向民族的觀念。民族主義從無到有，並不是因為人們的政治歸屬感從無到有。政治歸屬感一直都存在，只不過它之前投向其他形式的組織，如今轉向了民族。變化的並不是政治歸屬感本身，而是它所歸依的對象和表現它的對象（Hinsley，1973：19）。

確實，是現代國家的出現和發展產生了民族認同。欣斯利指出：

國家的興起將政治歸屬感的對象提升到國家層面。在氏族、部落、部落聯盟乃至城邦這樣的政治共同體中，社會結構相對簡單，都不足以產生國家運行所需的行政準則。在對外交往中，也不會有國家以這樣的準則來要求它們（Hinsley，1973：28）。

此外，民族主義也包含了國際層面。中國民族主義與中國人對中國國際地位的認知有關，它涉及中國的主權、獨立和與他國的關係。民族主義對於民族國家體系和國際社會的重要性毋庸置疑，因為它意味著"世界被分成或應該被分成各個民族，民族是主權國家的唯一合法基礎，也是政府權威的根本來源"（Mayall，1991：2）。在詹姆斯·梅奧爾（James Mayall）看來，主權的原則對民族國家意義重大。首先，只有主權國家之間相互承認主權，才能使國際問題的解決具有合法性。第二，任何一個國家的主權都是唯一的。主權國家間所達成的協議和共識，由各主權國自我監管或共同監管。第三，從人們狩獵、農耕和去工廠做工的地方到他們實現政治生活最高目標的地方，主權原則都普遍適用。最後，主權原則是對他國國內事務的不干涉原則。否則，主權國家之間很難達成共識。國家作為民族的代表，將本民族與世界連接起來。在現代社會，只有民族國家才能使文化、種族、語言等民族主義的要素在國際體系中產生重要作用。

致謝

　　在本書寫作過程中，我獲得了許多學者的特別指導。我非常感謝王賡武先生，他讀了兩遍我的手稿，並為我提供了有益的批評、堅定的鼓勵以及他自己的有關中國民族主義的知識。同時也非常感謝 Peter Katzenstein，他對我形成從世界政治視角來觀察民族主義的方法論觀點提供了重要幫助；還有 Benjamin Schwartz，他鼓勵我從歷史的角度審視中國的新民族主義。

　　非常感謝 Paul A. Cohen、Eric Heginbotham、黃亞生、劉曉源、Ido Oren、Robert Ross、Etel Solingen、吳國光、Ashutosh Varshney、王小冬和黃朝瀚的點評和建議。感謝來自劍橋大學出版社的兩位匿名推薦人，他們給予了我有關國際政治方面建設性的意見。還要感謝黃山奇、邱澤奇、傅高義（Ezra Vogel）、James L. Watson 和王志廣所提供的經常性幫助。

　　感謝劍橋大學出版社"亞太研究叢書"的編輯 John Ravenhill 鼓勵我把這本書稿提交給這套叢書。我還想感謝劍橋大學出版社編輯們的有益支持，尤其是 Phillipa McGuinness，從書稿的初審直到書的出版，她都參與其中。還有 Paul Watt 和 Edward Garuso，他們在手稿編輯方面付出了巨大的努力。我還要感謝 Russell Brooks 為本書準備了索引。

　　最後，我要感謝很多機構的支持，正因如此，本研究項目才可能順利進行。非常感謝社會科學研究會 / 麥克阿瑟國際和平與安全研究基金提供的研究經費。我還要感謝哈佛大學東亞研究中心和新加坡國立大學東亞研究所。傅高義先生領導下的費正清中心（Fairbank Center）為我（以及其他許多中國學者）提供了一個有益的知識環境，而王賡武先生領導下東亞研究所（East Asian institute）在世界上商業化程度最高的城市之一的新加坡，為我提供了一個有益的學術場所。最後，非常感謝東亞研究所圖書館工作人員對我的幫助。

第一章
在中國發現中國民族主義

民族主義在中華人民共和國內的興起，是 20 世紀末國際關係領域最重要的事件之一。這股民族主義浪潮伴隨著中國經濟的高速發展、軍備預算的增長、軍事的現代化及在國際事務中自信心的樹立而來。這一新興的民族主義之於國際關係有何意義？又該如何應對它？塞繆爾・亨廷頓（Samuel Huntington，1995）相信，除非中國成為民主國家並且被納入世界體系中，否則它將一如 20 世紀 30 年代羽翼漸豐的德國般危險。詹姆斯・庫爾思（James Kurth，1996）亦擔憂，到了 21 世紀上半葉，中國將在軍事和經濟上對美國構成嚴重的威脅，並殃及國際安全和經濟秩序。正如 1866 年後德國的崛起打破了歐洲的平衡，中國經濟在 1978 年後的高速增長及近幾年中國軍備現代化這兩重因素，使得亞洲的商業貿易和勢力均衡岌岌可危。自 20 世紀 90 年代初起，西方出現了 “中國威脅論”、“遏制中國” 等各式理論。

　　然而，這些理論的形成只是基於一部分西方人的視角。中國的民族主義真的具有侵略性嗎？它對世界和平尤其是東亞安全構成主要威脅嗎？中國應該被遏制嗎？對於西方的許多人來說，中國的民族主義，正如歷史上的日本和德國等其他主要國家的民族主義，是危及世界和平和安全的不穩定因素，因此必須加以遏制以維持世界和平的現狀。這些充滿敵意的西方觀點反過來又進一步激化了中國的民族主義情緒。

　　中國的民族主義在很大程度上被誤解了。這些誤解無疑促成了中國政府所謂的 "反華" 理論在西方的出現。事實上，"中國威脅論"、"遏制中國" 等 "反華" 理論在西方相當具有爭議性。雖然不少人認為中國日益增長的實力正構成潛在威脅，卻也不乏反對此觀點的聲音。許多因素促成了民族主義在中國的復興，其中包括中國國內的高速發展及其帶來的中國國際地位的復歸。蘇聯和其他東歐社會主義國家相繼瓦解，中國經濟卻已成功保持了高速增長。普通中國人的生活隨著國家的發展日新月異。他們為此重拾的強烈民族自豪感，絲毫不亞於 1949 年毛澤東宣佈中華人民共和國成立那一刻中國人所感受到的。隨著時代的發展，建構一種新的意識形態勢在必行。基於此，中國的當政者自然樂見民族主義的復興。若運用得當，它可以為執政者提供執政合法性的依據。為了避免意識形態缺失所引發的危險，中國領導層時時有意識地求助於民族主義為其保駕護航，這種以中華傳統為底蘊的新型民族主義可以為中華民族的一統提供理論基礎。

但是西方尤其是美國的很多人並不這麼看。他們將中國崛起視為對現存國際體系尤其是美國在亞洲利益的挑戰。自蘇聯解體以來，美國將中國視為潛在的勁敵早已不是什麼新鮮事了。不少美國人堅持認為，美國須善加利用台灣、香港、西藏、南海、人權、最惠國、世界貿易組織、軍售等各種問題來遏制中國。

"反華"理論的大肆傳播在不少美國人的認知中植入了中國的妖魔化形象。1994年末的一項民意調查顯示：57%的美國民眾將"中國崛起為世界強國"視為對美國的"嚴重威脅"，比1990年40%的比例有所增長（John E. Rielly，1995；引自 *The Economist*，1997a）。另據1997年8月的一項民意調查結果，美國人普遍認為中國並不友善，甚至是敵人。[1]

在太平洋的另一邊，中國人目睹了美國如何從20世紀80年代的"朋友"轉變為90年代的"敵人"：它向李

---

[1] *The Economist*（1997b：22）（October 25）。亦見 *The Economist*（1997b：29-30）（March 29th）。

登輝發放簽證以促進美台關係升溫；它差一點通過了向西藏派駐大使的決議，此項決議一旦通過，就意味著美國承認西藏是獨立國家。中國人看不出最惠國待遇和人權政策之間有任何丁點兒的實質性聯繫，他們所看到的是，美國利用人權政策為其現實政治服務。中國競選 2000 年奧運會主辦國時，美國對中國發難，這一行為惹惱了中國的普通民眾。一名美國觀察家指出："在過去的 5 年中，很多關注國際局勢的中國人已然從對美國的過度美化中清醒過來，他們意識到美國決心樹中國為敵。"（見 Overholt，1997：5）在此種背景下，在中國知識界，針對西方尤其是美國的民族主義如此盛行，也就不難理解了。暢銷書《中國可以說不》和《妖魔化中國的背後》正反映了這一現象。❶ 另有一篇文章將美國當下的反華情緒比喻為其 20世紀 50 年代的麥卡錫主義，這篇文章曾發表在官方英文報紙《中國日報》上。值得注意的是，民族主義情緒在美國院校的中國學者與留學生中也並不鮮見。

　　誤解和民族主義往往彼此強化，很容易釀成悲劇。照這種情勢，中美之間打一場新的冷戰也並不是毫無可能。事實上，無論是在西方還是在中國，都有不少學者認為另

---

❶ 宋強、張藏藏、喬邊（1996）；李希光、劉康等（1997）。另見何新（1996）；陳鋒等（1996）。

一場冷戰正在迫近。如歐偉倫（William Overholt）所言：

> 第二次冷戰越來越難以避免。中美間的敵意不僅體現在兩國的國家政策上，也深植於兩國人民的觀念中。中國在美國人眼中充滿危險、尚武好鬥又具有侵略野心，中國人則認為美國想方設法要打壓中國復興。這些偏見顯然遠非事實，卻已在雙方心目中根深蒂固（1997：4）。

對中國政策的恰當解讀，必須建立在對中國民族主義的正確理解上。通過細緻審視國人視角下諸多重要的國內外議題，本書試圖探究在中國轉型時期應運而生的新民族主義的本質和它對外部世界的意義。若要依西方所願使中國崛起，進而起到促進國際和平的作用，必須擱置對民族主義和中國民族主義舊有的西方解讀，在中國語境下重新解讀中國民族主義。

一、現實主義、自由主義與中國民族主義

西方對中國民族主義的誤解根植於其流派繁複的國際

關係理論，這些理論又是根據他們的國際關係經驗而來。在眾多理論流派中，現實主義和自由主義對西方人理解中國民族主義於國際社會的意義的影響最為顯著。

　　現實主義將現實簡化，從而使國際地緣政治和勢力結構一目了然。它將大國崛起解釋為結構驅動現象。國家間經濟增長率的差異和國際無政府狀態兩個因素的互動，決定了大國是否會崛起。經濟發展的起伏，使得各大國在時間長河中興衰交替。羅伯特‧吉爾平（Robert Gilpin）提出：“體系中不同國家實力增長的差異導致了權力再分配。”保羅‧肯尼迪（Paul Kennedy）也指出：“國際事務中主導國的相對實力從來都不是一成不變的，主要是因為各個國家間的經濟增長率不同，它們從技術和管理上的突破所沾享的福利也不盡平衡。”相對高的增長率使新的大國崛起，“終有一天它們會在軍事和區域秩序中獲得決定性的話語權”。經濟的迅速發展使崛起中的國家對現狀不滿，因此要求重新劃定勢力範圍。如吉爾平（1981：95）所言，非均衡增長率的意義在於“它改變了重整國際秩序的成本，成本的改變又影響了挑戰舊秩序的動機”。促使大國崛起的另一個因素是國際無政府狀態。肯尼思‧華爾茲（Kenneth Waltz，1979）指出，國際體系是一個自助系統，各國須各自照看生存和安全問題。克里斯托弗‧萊恩

（Christopher Layne，1993）認為，在國際體系這個角逐場，每個國家都必須致力於增強本國實力以防受到戒懲。

依現實主義的觀點來看，中國民族主義的重現歸因於冷戰的結束。冷戰的結束"使得東亞內部之前被抑制的固有矛盾浮出水面"，並形成了"權力真空"的局面。饒義（Denny Roy）對"權力真空"做出如下定義：

隨著往昔的霸權國漸漸失勢，區域內至少有一個曾受其牽制的國家開始試圖擴張勢力……權力真空意味著新的霸主將崛起以取代沒落霸主。新的霸主或許不如鼎盛時期的沒落霸主，但足以傲視區域內的其他任何國家（1995）。

中國的現代化和經濟的高速增長催生了新民族主義，也很有可能使中國有能力來填補這種權力真空。有學者指出，中國的民族主義將改變東亞的權力分配，對區域安全構成重大威脅。饒義認為：

中國從一個發展中的弱國成長為一個繁榮的強國，勢必要推行更為強硬的外交政策……經濟實力的增強使得中國更有能力控制其周邊環境，同時又使這種控制的成本

降低。富起來的中國將以大國姿態在區域立足：中國會更
大膽地爭取利益，也會對與區域內其他主要國家合作有所
保留（1994）。

　　此外，還有學者認為中國的傳統文化加劇了中國日益
增長的實力對世界和平構成的威脅。早前，外交史家如費
正清（John Fairbank，1968）曾指出，"天朝綜合徵" 影
響著中國的現代外交政策。老一代中外學者一致認為，中
國傳統文化與現實主義相悖，它對戰爭和暴力的理解與
其他文化有著天壤之別。儒家傳統愛好和平。中國人鄙棄
直接施加暴力而看重計謀、策略和其他心理戰術，這就
是孫子所謂的 "不戰而屈人之兵"。但對國外新一代學者
來說，傳統中國對於武力的理念正好與西方的 "現實主
義" 相洽。基於對中國古代兵法典籍和明朝歷史（1368—
1644）的研究，江憶恩（Alastair Iain Johnston，1995）提
出，中國的現實主義並不是一般所認為的簡單的實用主義
和權宜之計，而是體現了中華文化本身。這是一種極端現
實主義的戰略文化，這種文化 "將動用武力視為消除安全
隱患的最有效手段"。因為中國的現實政治行為根植於這
一戰略文化中，推動中國使用武力來解決安全問題的 "不
是無政府國際結構所產生的自衛動機，而正是這一戰略文

化"（Johnston，1995）。戰爭被認為是國際關係中相對恆常的要素，與對手的衝突是一種零和博弈，而純暴力則是最有效的解決敵人潛在威脅的手段。

自由主義者認為民主國家間不會發生戰爭。那些由自己的公民來選擇領袖的國家更傾向於和平共處。無論在貿易還是外交上，它們都是更可靠的合作夥伴。相反，一個經濟高速發展的威權政體則很可能成為世界和平的重要威脅。歐洲的和平正是由於大多數歐洲國家是穩定的民主國家，社會和經濟分層現象相對不嚴重，亞洲的情況則並非如此。首先，財富和收入分配均衡的穩定的民主國家在亞洲少之又少。其次，亞洲的政體類型也更為多樣化，包括朝鮮的斯大林體制，東南亞的現代民主與傳統威權並存的體制，澳大利亞和新西蘭的自由民主制，以及中國的有中國特色的社會主義制度。

自由主義者也相信國際組織可以促進國際合作，降低某些國家單方面發起軍事行動的可能性。然而，亞洲國家間的經濟依賴關係不如歐洲國家間那麼密切，也很少有強大的區域組織為泛亞合作提供平台或牽制像中國這樣的大國的崛起。

更重要的是，中國無意加入多邊安全協議，這是因為：

中國人相信任何關係都不是長久的，因此保持獨立和使自由度最大化尤其重要。聯盟和約束性承諾限制行動自由、妨礙獨立，因此須加以避免……此外，結盟國通常是不可信的，它們打著自己的算盤，操縱中國以滿足一己之利，而這往往使中國陷入與這些國家的敵對國的爭端中（Shambaugh，1994：45）。

該如何對付中國？現實主義者和自由主義者都主張設計一個宏觀戰略以應對中國的崛起。然而，由於兩派對"中國威脅"的看法存在差異，他們所設計的戰略也不盡相同。現實主義者主張抑制中國民族主義的復興，牽制其國家實力的發展。他們的觀點體現在"遏制中國"的討論上。他們力爭通過控制貿易和技術輸出等手段從經濟上孤立中國，遏制其發展，以符合美國和其他亞太國家的利益。

柯翰默（Charles Krauthammer，1995：72）提議，瓦解中國應成為美國對華政策的目標。美國應在"公眾場域"繼續敦促中國尊重和重視人權。美國傳統基金會根據中國在人權、安全和經濟等一系列方面的表現，將其判定為"藐視國際行為規範"的無賴國家，並建議"美國必須使北京清楚地認識到，中國的表現為整個國際社會所不容"。

《經濟學人》雜誌（*The Economist*，1995）言稱，遏制中國"並不是要讓西方國家像曾對待過蘇聯的那樣，用核武器將中國大陸包圍"，而應該形成統一戰線"漸進地……與台灣加強聯繫"。現實主義派別還提議，西方可以通過鼓動中國的地方主義來削弱其中央政權，並策劃一套旨在更大程度上承認中國各省和地區的行政自主權為基礎的經濟接觸，以使地方上對其自主地位和與外界交往的能力更為自信。

傑拉爾德·西格爾（Gerald Segal）還提出，遏制中國的最好辦法是使其融入國際體系，因為"中國融入國際社會越深入，它的憤懣情緒就越有可能得到疏解，它使用武力來解決爭端的可能性也會降低"。

不同於現實主義者，自由主義者則堅信，經濟的持續增長和文化進步最終會使中國走向民主化。美國副國務卿斯特羅布·塔爾博特（Strobe Talbot，1996：57）基於其他東亞國家的政治發展經驗總結道："從長期來看，經濟發展和政治專制必定是不相容的，特別是在被通信和貿易密切聯繫起來的當今世界。隨著人們收入的增加、視野的拓展，他們對政治參與權和法治的要求會更為迫切。"美國總統比爾‧克林頓（Bill Clinton）在他第二屆任期的第一場新聞發佈會上也指出，隨著外界信息的湧入，社會發展和經濟發展將共同推動自由精神的發揚。中國無法逆民主潮流而行，正像柏林牆終究還是要倒塌一樣。基於這一關於自由精神的假設，美國提出了將中國納入現有世界體系的接觸戰略。然而，這種接觸是有條件的，中國必須首先接受現有國際規範和機制，西方國家才會考慮接納它。

　　無論是現實主義還是自由主義，都沒有抓住中國新民族主義的本質。他們對中國新民族主義和其對國際政治的影響的誤解只會使它火上澆油。同時，在民族主義情緒的驅動下，中國人也時常誤解美國的對華政策。確實，西方對於中國民族主義的誤解很有可能成為它走向激進化的主要因素。

　　愛德華‧薩義德（Edward W. Said）在他的《東方學》（*Orientalism*）中討論了當西方學者試圖探究非西方文化時，是如何產生誤解的。在薩義德看來，現實和被呈現的現實之間並無簡單的一一對應關係。這是因為："所有呈現，正因為它們僅僅是一種呈現，都首先植根於表述者的語言中，其次又受表述者所處的文化、制度和政治環境的影響。"同樣，保羅‧柯文（Paul Cohen）也認為："對於研究中國歷史尤其是晚清以來的這段中國史的美國學生來說，最大的問題就是種族中心主義的偏見。"確實，薩義德在中國知識界頗具威望，他的東方學也成了中國知識分子建構抵制西方的民族主義話語的理論武器。但這並不意味著必須依循薩義德的理論來闡析本土觀念中的中國民族主義。在闡釋異域文化時，種族中心主義所帶來的偏見固然不可避免，但將這種偏見最小化卻是可行的。柯文（Cohen，1984）指出，以中國為中心的方法的最主要特點是，"它立足於源自中國的中國問題，這些問題可能受到西方的影響，也可能正是由西方所造成。抑或，這些問題不管是從其所處的場域和影響的人群，還是衡量其歷史重要性的尺度兩個層面來看，都是中國本土的而非西方的"。

柯文進一步闡釋了中國中心法的四個特點：

● 它的中國歷史始於中國而非西方，並以本土的（中國的）而非外來的（西方的）標準來評判歷史事件的歷史意義。

● 它將中國"水平地"劃分為區域、省、地級市、縣和鄉，由此產生了區域史和地方誌。

● 它也將中國社會"垂直地"分層，促進了民間和非民間的關於較低階層的歷史書寫。

● 它將其他學科的理論、方法和技術引入史學，為歷史分析所用（Cohen，1984）。

以中國視角來理解中國新民族主義，要求在中國發現中國民族主義並"挖掘"出它的內在動因，這是西方視角所無法做到的。同時，這也要求通過分析中國民族主義的形成，它的變與不變，為何變以及如何變來識別它的要義。但這並不意味著各種西方視角對於理解中國新民族主義沒有助益。而是說，不能用它們來"建構"或想象中國民族主義。因此，我的研究可以說是要破除這種"建構"，展現本土視域裏的中國民族主義。

二、國家認同與對外行為

國家認同如何與中國的對外行為發生聯繫呢？近期關於國際事務尤其是國家安全的文獻，超越了傳統的權力和國家利益視域，將目光投向文化和身份認同這些社會學的分析因素。這些研究證明了文化對國家內外行為具有重要影響。人們根據安·斯威德勒（Ann Swidler）稱之為習慣、技能和風格的"工具箱"來建構行動策略，文化規範和身份認同因此而得以影響個體行為。換句話說，規範通過給行為提供組織形式而非限定行為本身來塑造行為。它們根據經驗來創造解讀習慣和行動指令。此外，重要的不僅是政治行為人對於塑造他們的興趣和行為的社會規範的依從性，也包括行為人（再）闡釋他們的身份並據此（再）定義他們的興趣和行為的能動性。

民族主義是一種集體認同。可以從多種角度來研究中國民族主義的心理或"觀念"基礎——國家認同——及其對中國的國際關係或對外決策的影響。長久以來，文化、觀念、身份認同和個體認知對於中國外交政策的影響受到中國學者的關注。馬克·曼考爾（Mark Mancall，1984：xvii）寫道："那些根據指導他們日常生活的世界觀來定義這個世界和他們自己的人，制定和施行了政策。外交決策者的理性假設、感性偏好、認知地圖和知識結構都基於流行於他所處的社會的世界觀。"饒濟凡（Gilbert Rozman）、艾倫·懷廷（Allen S. Whiting）和沈大偉（David Shambaugh）的著作研究了精英階層對於某國的觀念如何影響了中國對此國的外交政策。

例如，為了研究中國對日政策的變遷，懷廷鎖定中國精英階層和普通大眾，發現了兩種截然相反的日本印象。正面印象將日本視為中國現代化應該效仿的對象，反面印

象中的日本則是歷史上殘酷的敵人和侵略者。通過細緻的
研究，懷廷得出了與現實主義的觀點相反的結論。現實主
義一般認為，20 世紀 80 年代以後的中國外交政策基於對
國家經濟和戰略利益的理性追求。懷廷則發現，中國知識
精英和學生對於日本的無知、誤解、錯覺和不信任，成為
阻撓中日合作和中日關係穩定發展的重要障礙。

　　通過研究關於中國對蘇維埃社會主義的觀念變遷的學
術文章，饒濟凡試圖探究 1978—1985 年期間 "中國對國
內外重要敏感問題的看法"，以及相應的外交決策的內部
機制。同樣，沈大偉關注中國的 "美國觀察家" 如何轉變
對美國的看法，發現中國的精英階層對美國的觀念依然受
到馬克思列寧主義世界觀的深刻影響。這些研究都表明，
了解中國精英階層的世界觀能增進我們對中國對外政策和
國際行為的理解。

　　江憶恩等人最近的研究強調了觀念對中國外交行為的
作用。江憶恩的研究顯示了中國的戰略文化如何在不同歷
史時期左右決策者的對外行為。在他們合編的關於中國國
家認同的文集中，羅德明和塞繆爾·金（Lowell Dittmer
& Samuel Kim）在中國對外關係的語境下討論了這一集
體身份認同，指出蘊藏在中國國家認同中的，是一種獨
特的國際使命感。此書的編者和作者都發現，中國的傳

統，不論是諸如傳統文化和價值的"大傳統"，還是中國
共產黨的文化那樣的"小傳統"，都在塑造改革開放以來
的中國國家認同中扮演了重要角色。值得注意的一點是，
國家認同已經變得多樣化。愛德華‧弗里德曼（Edward
Friedman）也觀察到了這一點，並將這一特點提煉為一個
概念："去國家化。"它的意思是說，20世紀80年代以
後的改革使中國社會多元化，因此弱化而非強化了國家認
同。弗里德曼認為中國已然存在兩種不同的國家認同，
即，北方認同和南方認同。他暗示，北方的沙文主義國家
認同造成了中國尋釁好鬥的民族主義。

　　這些學術成果豐富了關於中國國家認同和中國民族主
義的研究，但也忽略或忽視了另一些重要方面。第一，中
國國家認同和民族主義的變化並未引起足夠重視。一些學
者過於強調中國國家認同的延續性。誠然，新的國家認同
必然建立在民族主義的舊有框架中，但也會隨著中國國內
外環境的變化而發生相應的改變，以適應全球競爭。換句
話說，觀念因素對中國對外行為有重要影響，而觀念本身
也在不斷變化。不重視觀念的變化，也就無法更好地理解
中國對外行為的變化。

　　第二，各種機構，尤其是國家，在重構新的國家認同
感和民族主義中所起的作用被低估了。不少學者注意到

20 世紀 80 年代以後的改革產生了像區域主義和族群主義這樣的地方身份認同。但地方認同和國家認同並不必然相互排斥。國家認同並不是被地方主義削弱的，以馬克思主義和毛澤東思想為基礎的共產主義國家認同，是隨著這一基礎的衰落而走向末路的——這正是國家和其他社會和政治組織努力構建新的國家認同的理論依據。大多數學者認為，身份認同的轉變和公民社會的興起，會削弱國家權力和人民對國家權力的認同，但他們低估了改革所帶來的新的認同感，以及國家和其他組織所付出的加倍努力，來將這種新的認同感整合入民族主義。

第三，雖然國家認同呈現多樣化，但是有著不同國家認同的不同群體如何影響中國的對外政策，卻是另外一回事。新民族主義和中國外交政策之間的聯繫也須再度細審。本書意在探討中國國家機器和其他社會組織如何再建構新的國家認同，以及這一再建構對中國在國際上的自我認同的影響。

在近代關於民族主義的研究中，國家和其他機構在塑造民族主義中所起的作用得到重視。歐內斯特・蓋爾納（Ernest Gellner）以工業化的邏輯來解釋民族主義的形成。由於社會力量分散、社會組織不成體系的前工業社會無法自發形成工業社會所需的均質可流動的勞動力，國家

便通過控制教育來生產這些工業社會必備的勞動力。當個
體的基本身份歸屬感由分散的社群轉向民族國家,民族主
義便產生了。它通過國家權力為社會的工業化提供語言溝
通條件和一致的文化。蓋爾納強調國家的功能屬性,本尼
迪克特・安德森(Benedict Anderson)等學者則更重視民
族主義的主觀特性。安德森(Anderson)將民族主義視為
"想象的共同體",另有一些學者則致力於探索民族傳統的
"虛構"性(Hobsbawn & Ranger)。

　　國家和其他機構通過轉變或重建它們的文化或認同以
適應變化中的國內外環境。一方面,這些認同的轉變對中
國的國際關係作用顯著;另一方面,中國所面臨的國際環
境的變化,也對其國家認同產生了重要影響。國際政治方
面的著作揭示了國內政治和國際政治如何相互聯繫。自從
詹姆斯・羅西瑙(James Rosenau)在幾十年前開啟了"關
聯政治"的研究,學界對此有著密切關注。以卡爾・多伊
奇(Karl Deutsch)和厄恩斯特・哈斯(Ernst Haas)為代
表的區域一體化學派,特別強調國內政治對國際事務的影
響。不同於區域一體化學派對外交決策中的國內因素的
關注,另有一些學者強調了國際經濟對於國內政治和經濟
政策的影響。還有些學者如羅伯特・基歐漢和約瑟夫・奈
(Robert Keohane & Joseph Nye)強調相互依存性和跨國主

義。彼得・卡贊斯坦（Peter Katzenstein）和斯蒂芬・克拉斯納（Stephen Krasner）不僅指出了國內因素之於對外經濟政策的作用，還強調最高決策者同時受到來自國內和國際兩方面的壓力。羅伯特・帕特南（Robert Putnam）和其他學者（Evans，Jacobson & Putnam）試圖以政府代理人在聯結國內外政治所起的作用為突破口，建立一種更加靈活有效的國內—國際關係的模型。

　　雖然上述的大部分學者都沒有直接觸及民族主義，他們豐富多樣的研究方法和視角，有助於分析中國新民族主義的興起及其對世界的意義。在此，有三點值得指出：其一，既然認同影響行為，新民族主義的意義須根據變化中的國家認同和國際認同來解讀。其二，國家認同和國際認同隨著中國國內外環境的變化而變化。因此，在解讀中國的新民族主義時，不能脫離開國內外環境的背景。此外，隨著中國與世界的相互依存性與日俱增，他國的對華政策和對華戰略將對中國的國家認同和國際認同產生越來越大的影響。其三，為了適應變化中的國內外環境，國家認同和國際認同也會相應地做出改變。改革已經從根本上改變了中國的民族主義。從共產主義民族主義到新民族主義，國家及其他主要的社會和政治力量對中國的國際地位有了新的認識。

三、中國問題和民族主義

新的民族主義關乎國家、國家認同和國家主權，須放在中國國內外形勢發展的背景下進行分析。從國內情況來看，中國正經歷著一場社會、經濟和生態的徹底轉變，這些轉變為中國新的國際地位奠定了基礎。從外部環境來看，中國所處的全球體系也發生了結構重組。國內外的雙重轉變催生了新民族主義的興起。就此而言，新民族主義有幾重含義。首先，它關乎中國國家機器應該如何及能夠如何被重塑，以順應國內外形勢的變化。其次，它關乎國家主權和中國人民對中國在世界民族國家之林中應有的地位的認識。最後，它關乎中國人民對與中國國家利益相符的"公正合理的世界秩序"的看法。

據王賡武看來，中國民族主義具有多面性，它的關切包括中國的政體、國家主權的復歸、國家統一、民族自尊心、道德秩序及傳統價值觀的存續和發揚。他進一步闡明："我稱之為民族主義的恢復，它包括保存和更新兩個層面，懷著對美好未來的展望，它更直接地維繫於對輝煌往昔的信念。"回顧中國近代史，每當以上所提及的方面（即，國家權力、國家認同和國家主權）出現問題，民族主義就往往成為一種解決方案。

中國人用內憂外患來形容中國作為民族國家所遭遇的嚴重危機。內憂和外患相互聯繫。一個中央羸弱的分裂國家通常比較容易遭到外族入侵。因此，強有力的中央是中國成為獨立自強的民族國家的前提。"中國問題"因而處在中國國內政治和國際環境交織的網絡上，民族主義也正是在這一雙重背景交織的網絡上呈現出意義。

內憂外患貫穿著中國的近代史，這些危機的解決需要一個強勢政府。這表現在以下幾方面：第一，西方的入侵恰逢王朝的沒落。中央權力的萎縮、地方勢力的崛起以及重建新皇權努力的失敗，說明王朝這一傳統國家形式已經走到了窮途末路。這一切遵循著"王朝循環"的鐵律，並非西方入侵的結果，但西方入侵確實加速了舊的政治體制的瓦解。

第二，西方勢力的入侵使中國漸漸淪為半殖民地社會。半殖民地化使中國在內政外交上都面臨國家權力的危機。此外，它迫使中國步上現代化道路。現代西方制度和觀念湧入中國，影響中國的發展方向。

第三，革命成為近現代中國的主題。所有這些革命的目的都是為了建立一個新的政權。於中國人而言，只有革命方能摧毀存續了數千年的舊的社會經濟和政治結構，為新國家的建立鋪平道路。各種政治派別都認為，革命是實現他們理想中的新政權和強大的中國的最有效方式。

半殖民地化啟動了中國的現代化。從這一意義上講，中國深深地依附於西方。在許多中國政治精英看來，西化和現代化是同一的；西方是中國現代化的參照標準，也只有通過西化，中國才能成為一個強大的民族國家，擁有與他國平等的權利。

然而，現代化和西潮的湧入都無可避免地在中國掀起了矛盾的民族主義情緒。一方面，中國的統治者對師夷長技的效果心服口服；另一方面，中國在與西方的爭戰中節節敗退，被迫簽署了一系列屈辱的不平等條約。

故此，反中國傳統與排外主義、反西化與西化成了兩對矛盾的孿生體。

在西方勢力入侵之前，中國在與少數民族的頻繁接觸中形成了文化民族主義，漢文化從未在真正意義上受到過挑戰。少數民族以其自有的方式統治中國的嘗試從未成功；相反，他們往往最終被漢文化所同化。幾個世紀以來，中國人堅信他們的國度是中央帝國且疆域無邊。這一世界觀反映在朝貢體系上。西方的入侵打碎了中國人對於國家權力和世界秩序的既有觀念，他們感到中國這一文化共同體正面臨危境。正是在這一背景下，中國開始了現代化，也產生了現代民族主義。現代化和民族主義的共同目標是求得民族生存和建立強大的國家。

　　中華民國的創建者孫中山所提倡的民族主義以民族生存為主題。在孫中山看來，民族主義的首義是確保飽受外族蹂躪的中華民族能夠存活下去。他指出，中國民族主義有多層含義。首先，由於自秦漢以來中國就是由單一種族發展而來的單一國家，民族主義等同於國家主義。其次，民族主義是中華民族生存和發展的第一要義。最後，民族主義要求各種族平等，是中國重獲自由和與他國平等的地位的途徑。縱觀中國近現代史，"強國夢"是縈繞幾代民族主義者的心結。實現這一夢想和目標的努力一旦遭遇挫折，民族主義便應勢而起。

　　從這一角度來看，20世紀80年代以後民族主義的興起，並不僅僅是中國經濟迅速增長和國力增強的結果。更重要的是，它是對20世紀80年代以後所浮現的"中國問題"的反應。新民族主義可以在中央權力衰落、國家認同感淡化、事實上或觀念上的外部威脅等等"中國問題"中得到解讀。也正是圍繞著這些問題，中國的民族主義者建構起他們的民族主義話語。

　　受外國列強欺凌的歷史使中國人明白一個道理：中央弱則國家難強，抵制他國欺凌的唯一辦法就是建立強勢中央。此外，毛澤東的"政治掛帥"戰略可以動員所有的國內資源，使中國盡快趕超西方發達國家，防止再度淪為他國的欺凌對象。這些觀念直到鄧小平復出後才得以轉變。鄧小平對於國際政治有著更為現實的看法，他認為經濟實力才是國家地位的基礎。他指出，中國能否在世界民族之林中佔得一席之地取決於中國國內發展情況。鄧小平之前的國家領導人將國家統一視為中國富強的基礎，但鄧小平提出，國家能否統一取決於中國能否趕上發達國家。也就是說，成為富強的國家是中國實現統一大業的先決條件。雖然鄧小平並未放棄"政治掛帥"的原則，但他強調經濟優先的原則，即政治服務於經濟，他堅持要求那些無法推動經濟現代化的官員必須下台。鄧小平的"經濟掛帥"在中國近現代史上無疑具有開創性的意義，它對中國的國內發展和中國所面臨的國際環境產生了深刻的影響。

然而，中國在經濟優先原則指導下所取得的出色經濟成就並非沒有代價。自鄧小平推動改革開放以來，一方面，中國的經濟增長速度節節攀升；另一方面，中央權力卻日漸式微。中央政權的削弱是放權這一中國特色的現代化的結果。在西方，特別是日本和德國，現代化和集權是兩個並進的過程。在那裏，正是現代化產生了中央集權的國家。但在中國，為了推動現代化，國家將中央權力下放給地方政府和社會，中央權力因此而被削弱。

弱中央淡化了國家認同感，這有幾點原因：首先，放權為強勢地方政府的形成提供了條件，一些先富起來的地區為中國經濟的發展起到了帶頭作用。[●] 當地居民的社會經濟福利與地方政府直接掛鈎，他們的認同因此也在一定程度上從中央政府轉向地方政府。第二，放權意味著將中央權力從地方撤出，於是，中央漸漸失去了與地方社會的接觸。中央政府不再將社會經濟福利直接分配給地方居民，因此國家認同感淡了。第三，馬克思主義和毛澤東思想一直以來都是中央政府管理和協調地方社會的最有力的意識形態武器。改革開放的深入，地方居民漸漸被個人主義和政治自由主義等西方意識形態所吸引。

鄧小平的改革也影響了中國的外部環境。自 20 世紀 70 年代末以來，中國經濟就保持著 9% 以上的年均增長率。國際貨幣基金組織報道稱，按照 "購買力評價" 對各國國內生產總值進行計算的結果，中國在 1994 年已經是世界第二大經濟體了。一些世界主要國家因此感受到中國的挑戰。西方 "反華" 理論正是在這樣的背景下紛紛浮現。而此時，中國國內正遭遇國家權力和國家認同的危機。西方人害怕中國的現代化會帶來實際或潛在的 "負

[●] "地方經營政府"（local governmental state）指以發展為導向的縣及縣以下的地方政府（見吳國光、鄭永年，1995）。

面影響"，而中國人自己則擔心他們的國家無法避免現代化的鐵律——國家權力的危機。此外，隨著各種"反華"理論的興起，中國人也開始擔憂國家的現代化進程會受到外力的阻撓，民族主義由此應運而生。中國人越來越相信西方國家並不願意看到中國發展成與它們地位平等的競爭者，它們也不願意承認中國的實力，這樣的觀念催生了中國的新民族主義。

不少人建議，中國政府應當利用民族主義，來重建新的國家認同和抵禦國外的"中國威脅論"。然而，新民族主義的興起並不意味著中國會對世界採取進攻性的姿態。本研究將展示，民族主義是一把雙刃劍，它可以被用來加強政權的合法性，也可能引發政治騷亂。中國的執政者並不想簡單地利用大眾民族主義，而是要重建能夠捍衛政權合法性及有助於維持政治和社會穩定的官方民族主義。從對外政策的制定來看，中國的內外認同都發生了變化。中國的政治精英認為中國只有融入世界體系，才能成為一個真正的大國和強國。他們想要做的並不是推翻現有的世界體系，而是要世界認可中國的實力和其應有的世界地位。

結論

　　新民族主義在中華人民共和國內部的興起有著多重原因。隨著蘇聯的解體和冷戰的結束，中國發現自己忽然被西方推到了大國競爭的前線，這是自清末以來，中國第一次面臨成為真正的大國的機遇。但中國也看到來自國際社會的巨大挑戰，它的對外動機受到西方的懷疑和警惕。儘管如此，隨著經濟發展和現代化進程的加速，中國人在處理國際關係時顯得越發自信，也要求國際社會給予其更多的尊重。

　　這種種原因催生了 20 世紀 90 年代初以來中國社會各階層的新民族主義呼聲。中國政府雖然會控制其他方面的政治論爭，但是對新民族主義的發展卻給予了足夠的空間。在發表有關新民族主義的內政外交的看法時，中國的知識分子獲得了相對自由。《戰略與管理》、《東方》等新刊物也應運而生。《世界經濟與政治》、《當代國際關係》、《現代國際關係》等各種已有的學術期刊也成為新民族主義的理論陣地。在香港回歸中國之後，越來越多的內地學者將他們的見解發表在《社會科學季刊》、《香港社會科學學報》和《二十一世紀》等香港刊物上。此外，《中國可以說不》和《妖魔化中國的背後》等帶有極端民族主義色

彩的書籍也紛紛面世。更重要的是，自 20 世紀 70 年代末
的改革開放以來，中國的開放力度不斷加大，在中國開展
研究相對自由，也可以在中國大陸進行採訪活動。這些新
情況都使得在 20 世紀 90 年代展開一項關於中國新民族主
義的細緻研究成為可能。

第二章
國家權力危機中的民族主義和國家主義

　　在許多其他國家裏，現代化和集權幾乎是同義詞。但在現代中國，現代化卻是一個放權的過程。放權一方面為社會經濟的發展注入了活力，另一方面也往往帶來國家權力式微和國家建構危機的負面效應。這正是我們在 20 世紀 80 年代以後的中國所看到的。放權一方面促進了經濟的高速增長，推動著社會的變遷；另一方面也導致了民族國家的危機。如同許多其他多民族國家，中國的現代化並不總是意味著國家建設，也有國家破壞；並不總是建構，也有解構。隨著經濟發展和現代化進程的加速 。對於民族主義者而言，中國現代化的最終目標是要建立一個強大的民族國家，而不是削弱它，更不是摧毀它。因此，國家主義成為 20 世紀 80 年代以後中國新民族主義的主流話語體系。

一、現代中國的民族主義和國家主義

　　國家主義何以成為中國民族主義的主導話語？對於此問題的探究，可以通過對民族主義在西方和在中國的發展史進行簡要比較，從中尋得線索。現代西方的民族國家，是在國家主權和人民主權這兩種主權形式的互動中形成的。其中，民族主義在人民主權的發展中扮演了重要角色。按照漢斯·摩根索（Hans Morgenthau）的理解，民族主義與自由觀密不可分。"作為一種政治現象的民族主義，須理解為對於集體自由和個體自由這兩種自由的嚮往，即一個民族不受制於另一民族的自由，和個體依其所願歸屬任一民族的自由。"因此，民族主義不僅籲求民族整體的自由，更意在爭取個體解放的勝利。民族主義的出現並不僅僅因為君主專制政權向他國出賣了國家，更因為它壓制了本國民眾的個體自由。摩根索闡述道：

　　個體自由是民族自由的先聲，後者僅僅是前者在國際領域的延伸。制定政治原則和法理的初衷在於肯定和保護個體自由，當然，它們也同樣適用於民族自由（1957：482）。❶

---

❶ 關於現代歐洲民族國家發展的解析，見 Tilly（1975）。

　　沒有人民主權的興起，也就難以解釋現代西方民族國家的發展和演進。

　　中國的現代民族國家概念是從西方"引進"的，其國家建構也受到西方民族主義的顯著影響。然而，民族主義一旦傳入中國便改頭換面：民族主權與人民主權之間的聯繫被割裂了。相應地，個體自由也被民族自由所取代。縱使中國的政治精英們沉迷於民族認同、民族性、民族地位等從西方傳入的新概念，他們的興趣卻立足在強大的國家，而非公民權和民眾的政治參與。

　　這一"強國情結"的形成有其獨特的語境。中國現代化起步時所處的國內外環境，完全不同於歷史上西方進行現代化時所面臨的情況。在整個近現代時期，中國的政治精英們上下求索，一再嘗試建立一個有著新的民族認同的民族國家。但這些努力同時受到國際環境和本國政治結構的雙重束縛。在這種雙重困境中，中國的政治精英們逐漸意識到，要建立一個強大的民族國家，唯有將民族主義的重心從人民主權轉移到國家主權上。

　　19 世紀末，世界進入"帝國主義時代"。當時的中國領導人發現，若要為政治現代化尋求出路，就必須把軍事現代化放在首位。放眼歐美，國家實力無不以其是否能打勝仗來衡量。中國人一直以雄踞於世界中心的天朝上國的子民自居，這一根深蒂固的世界觀很快被洋槍大炮粉碎了。西方將民族國家的概念帶入中國，但具有諷刺意味的是，他們並不打算承認其為一個主權獨立的國家。如西奧多‧弗蘭德（Theodore Friend）所言：

在文藝復興的外交傳統下，西方帝國主義國家以平等原則對待彼此；但在社會達爾文主義的影響下，他們又理所當然地認為，亞洲國家低他們一等，除非有反例可以證明，實際情況並非如此（1988）。

在這一國際體系下，中國除了走現代化別無他途。馬里厄斯‧詹森（Marius Jansen）曾指出：

中國和日本的現代化都在西方經濟和軍事勢力的陰影下展開，這也在兩國尋求轉變的動力中起到了特別意義。它們尋求轉變的最根本動因，實際上都是禦敵衛國。不早不晚，現代化與槍炮同時來到東亞……因此，現代化宿命性地擔當起防禦外患的重任。按當時的境況，要麼現代化，要麼亡國。要醫治病榻上的民族，除了現代化，再無別種良藥（1975）。

只有現代化的軍事力量才可能阻止西方勢力的進一步入侵。入江昭談到：

中日兩國的精英們看到，西方的強國首先都是擁有先進的軍備，強勢的軍官，以及海外基地、殖民地和勢力範圍的軍事強國，這給他們留下了深刻的印象……他們深信自己的國家也須照此方向發展（1992）。

中國的當權者也很快意識到，增強軍備力量不僅能保家衛國，還能使中國重獲他國尊重。因此，軍事現代化作為現代化的重中之重，如火如荼地展開了。李鴻章用歐洲進口來的洋槍和大炮來裝備他的淮軍。清政府還建立了新式海軍艦隊，並設立了總理海軍事務衙門統一管理海軍事務。此外，各地出現了外語學校，西方的軍事、商業和科技書籍也被引進和翻譯。

上述這些努力隨著中國在甲午中日戰爭（1894—1895）中的慘敗而付諸東流。中日兩國的軍事現代化幾乎同時展開，但中國的政治制度嚴重束縛了軍事現代化的進程。中國增強軍事實力，一開始是應當權者維持統治秩序之需。李鴻章的淮軍最初是由鄉紳們組織的地方性軍事力量，用以對抗太平軍；之後被收編為國家的軍隊，並成為甲午戰爭中的主力軍。然而，雖然這支軍隊已經國有化了，卻依然帶著濃郁的地域性。日本"陸軍之父"山縣有朋大將是甲午戰爭中的日軍總指揮，他認為彌散在中國陸軍中的地方主義，是中國戰敗的主因。他觀察到：

　　李鴻章的軍隊有一個和明治維新時期的日本類似的致命弱點，當時的日本四分五裂，受控於封建領主的家臣們。李鴻章不僅從他的家鄉僱傭了大量士兵，連將領們都是他的親族、朋友和同僚。因此這些將領若有差池，無法從其他軍隊中找人頂替，而必須從李的家鄉另找新人。

　　如果沒有權力集中的現代政權，軍事現代化本身並不能拯救中國。因此，中國的知識分子試圖通過政府改革來建立強大的國家。隨著西方勢力的入侵，人民主權這一西方民族主義運動的主題也被傳播到中國。其實早在甲午戰爭之前，許多中國人就對以軍事現代化為主軸的自強方略存有疑義。有見識的思想家王韜指出，如果中國想要趕上西方國家，應更關注"人民"的作用，自強方略並不能為政府贏得民眾支持。王韜在 1893 年寫道："夫天下之大

患，莫患乎在下有不信其上之心。"❶ 今國家正處此大患中——"上下之交不通，君民之分不親。"❷

　　早前李鴻章等嘗試"師夷長技以制夷"，但中國在甲午戰爭中戰敗的事實，凸顯了強勢政權的重要性。嚴復一針見血地點破：一個沒有民眾基礎的國家，是沒有出路的。康有為主張進行一系列大刀闊斧的革新，認為如此方能徹底擺脫外虜的欺凌和無理要求。這些革新包括建立新的官僚體系、新的經濟和教育政策、由最先進的武器裝備起來的民兵、新式稅務體系、四通八達的鐵路覆蓋網等，但重中之重是養民："夫國以民為本，不思養之，是自拔其本也。"（Hunt，1993：66）❸ 梁啟超也提出，雖然中國的帝制高度集中，但這並不是現代意義上的集權政治。強有力的民族認同感尚未建立，民眾的愛國情懷也鮮有民族主義的意味。中國要成為一個強大的現代民族國家，其民眾必須完成從帝王子民向國家公民的轉變（Levenson，1970）。與此同時，統治者也開始將關注點投向"民眾"。

---

❶ 譯文引自王韜：《論所談洋務終難坐言起行》，《萬國公報》，第 59 期，第 5 頁，1893 年 12 月。——譯者注

❷ 譯文引自王韜：《弢園尺牘》，12 卷，第 25 頁，天南遯窟，光緒庚辰，1880 年。——譯者注

❸ 譯文引自翦伯贊等編：《戊戌變法》，第二冊，第 143 頁，神州國光社，1953 年。——譯者注

慈禧太后在廷議是否應依靠義和團來抵禦外虜時說道
（Hunt，1993：67）："法術不足恃，豈人心亦不足恃乎？
今日中國積弱已極，所伏者人心爾。" ❶

　　即便如此，甲午戰敗後，軍事現代化依然是現代化的
重心。相較於此，制度改革的進程則緩慢得多。雖然民眾
基礎逐漸受到重視，但政治改革受到封建帝制的束縛，舉
步維艱。原有的政治體系高度集中，但中央政府又極度羸
弱。它制定了各項法律，卻又無法實施。西方列強入侵
時，中國的皇權已走向末路，日本的當權者通過集權拯
救了國家。在中國，集權已是既定事實，但集中的權力卻
無法被運用。為了實現現代化，中央不得不將權力下放給
地方以激發他們的積極性，但這反過來又進一步削弱了中
央。地方精英藉機發展各自勢力，他們的野心隨著權力的
增長而膨脹。很快，地方這塊肉已不再能滿足其胃口，他
們要在國家大事的發言權上分得一杯羹。因此，分權改變
了國家和社會的關係。地方參與國家的大政方針，意味著
中央不再一言九鼎，它還得聽聽地方的聲音。這一新的國
家—社會關係，使得中央在處理國內外事務時，更加施

---

❶ 因英文原文可追溯至《劍橋中國史》卷十一，此處譯文引自該書中譯本，見
　[美] 費正清、劉廣京編，中國社會科學院歷史研究所編輯室譯：《劍橋中國
　晚清史》（下卷），中國社會科學出版社 1993 年版，第 147 頁。——譯者注

展不開手腳。陷此困境，中央不得不重新集權。

　　理論上講，主權在民可以提高中國的國際地位，但事實上卻並沒有。正當激進派所倡導的政治改革如火如荼之際，慈禧太后唯恐中央將失去對局面的掌控，在 1898 年夏叫停了改革，以阻止中央權力的進一步流失。能激發地方積極性固然是良策，但中央也不願放鬆權柄，更希望通過改革來穩固權柄。若改革結果逆其願而行，中央自是不能坐以待斃。誠如保羅・科恩（Paul Cohen）所言，中國政治的真正紛爭點不在改革與否，而在於應當如何改革，以及由誰來操控改革大局。慈禧意圖建立君主立憲制，如此既可以加強中央權力，又可以在一定程度上體現主權在民和民主政治的理念。

　　當一些族群開始籲求建立自己的獨立國家，民族主義便產生了。在中國，這種"獨立"性須放在滿族和中華民族之別的語境中加以理解。當"族群"和"主權在民"的概念隨著民族主義漸漸深入人心，許多人尤其是激進改革派開始懷疑，清統治者是否是一支可以依賴的革新力量。雖然清廷採取了不少措施以推行君主立憲制，但這些改革派認為，中國不僅應成為強大的國家，更應是中華民族的而不單單是滿族的國家。在狹隘的清王朝的框架內進行改革，並不能拯救中國和中華民族。

　　對中國民族主義的這一認識不僅成為國內外政治活動家的共識，甚至在清廷官員中也不乏同見者。對民族主義革命家來說，君主立憲制顯然並不足以實現他們的愛國目標；只有共和制才能徹底清除自私無能的清朝政權，如此才有望建成強大的國家。於是，他們開始發展自己的武裝力量來對抗清廷。

　　孫中山和其他革命黨人試圖用民族主義的兩大要義，即基於民族的國家和基於民主的人民主權，來再造中國。弔詭的是，1911 年的共和革命本身就是分權的產物。新國家的建立首先要求集權，這在當時難以實現。革命過後，地方割據勢力開始主導中國政治。各省的掌權人物曾是革命的中堅分子，因此要求分享革命成果。他們在革命中獲得了對地方的自治權，在革命後要求繼續維持並加強這一權力，自是不能容許集權中央的復現。此時，國家已變得四分五裂，各種力量爭權奪勢。再往下看，各省內部也在 1911 年後繁衍增殖了一大批地方政權，這些政權握在各地有權有勢的鄉紳手中，他們操控地方財政，甚至還試圖影響當地政府的人事任命。

　　中央權力的瓦解使得當時的頭號軍閥袁世凱深信，“地方分享中央權力不利於重振國威”。袁世凱聽從了弗蘭克・古德諾（Frank Goodnow）^❶就君主立憲制與共和制究竟何者更為相容於中國政治傳統的建議，決定採納君主立憲制，重建中央集權的政治格局。但袁的皇帝夢遭到各方阻力而迅速破產。到了 20 世紀 20 年代初，憲制和議會制形同虛設，官僚體系無法運轉，共和政府已然名存實亡，中國進入了軍閥混戰時期。

在孫中山早期的革命生涯中，他奉行主權在民的理念，並相信參照歐美多黨制模式建立起來的共和政府可以為中國民眾提供政治參與的渠道。然而，1911 年的辛亥革命並未在中國建立起一個強大的民主政權。新的民主議程"沒有能夠帶來團結和秩序，更不用提獲得合法地位。代議制政府很快蛻變為一個與民主為敵的獨裁政權，在外交上也顯得軟弱無能"，這使得孫中山重新思考"主權在民"的問題，他意識到沒有完備的組織架構，任何形式的民主政權都是脆弱的，更無法建成強大的國家。於是，孫中山轉向組織層面，尋找中國革命的出路。他的策略是"以黨建國"，這是他從俄國革命中學到的：

---

❶ 弗蘭克・古德諾（1859—1939）是美國政治學會的創始人之一，並且在 1903 年擔任學會第一任主席。1911 年至 1912 年間，他服務於塔夫脫（Taft）總統的經濟和效益委員會。自 1914 年起，他成為約翰霍普金斯大學的校長，直至 1929 年退休。1913 年，古德諾應邀出任袁世凱政府的法律顧問。

　　從前何以不從事於有組織、有系統、有紀律的奮鬥？因為未有模範，未有先例之故。……俄國革命之發動遲我國六年，而俄國經一度之革命，即能貫徹他等之主義，且自革命以後，革命政府日趨鞏固。同是革命，何以俄國能成功，而中國不能成功？蓋俄國革命之能成功，全由於黨員之奮鬥。一方面黨員奮鬥，一方面又有兵力幫助，故能成功，故吾等欲革命成功，要學俄國的方法組織及訓練，方有成功的希望（Teng & Fairebank，1979）。❶

　　在孫中山看來，俄國完全以黨治國，比之英、美、法之政黨，握權更進一步。因此，俄國模式更可為中國之楷模。中國應採用"以黨治國"的模式，而黨的首要任務是建國。"我們現在無國可治，只可說以黨建國。待國建好，再去治它。"（孫中山，1986，卷九：103）按此邏輯，建黨是建國的前提，強黨方可強國，而國強才有可能實行切實有效的民主制度。因此，孫中山提出了建國三序

---

❶ 此處譯文引自孫中山演說的中文版原文，見廣東省社會科學院歷史研究所、中國社會科學院近代史研究所中華民國史研究室、中山大學歷史系孫中山研究室合編：《孫中山全集》（第八卷），中華書局 1986 年版，第 436—437 頁。——譯者注

方略：軍政、訓政與憲政。

按此思路，孫中山對國民黨進行黨內改革，使其面貌煥然一新。他的繼任者蔣介石承襲孫之衣缽繼續強黨立國，依靠國民黨來加強民族團結、恢復國家秩序、挫敗列強的侵略野心、取消不平等條約、收復領土，最終使中國在國際上重拾尊嚴。通過 1926—1928 年間的北伐戰爭，國民黨將中國重新統一在中央集權下。它通過兩種方式建立中央集權：在軍事上，中央控制武裝；在民事上，通過建立相關組織和發動各種運動來使政府觸角遍佈和深入市民社會。國民黨政權效法西方，將統治中心放在城市，卻忽略了這樣的事實："以城市為重心的策略或許在西方甚為成功，但在中國這樣一個以農村為主體的社會，城市的影響相較於西方遠為局限得多。"（Whitney，1970）而國民黨政權所嚴重依賴的各股地方勢力也沒有能力從根本上改善農民的生活。

更致命的是，如惠特尼（Whitney）所言，國民政府的國家理念無法贏取民心。作為執政黨，國民黨強調國家集權，限制民眾的參政空間。但在當時的中國社會，主權在民的觀念已然深入人心。共產黨圍繞主權在民，用它來動員城市居民和知識分子，一舉戳中了國民黨的軟肋。約瑟夫·利文森（Joseph Levenson）指出，在與國民黨的較量中，共產黨所提出的國家理念更能引起知識分子的共鳴。此外，無法有效地傳播其國家觀也是國民政府的一大敗筆，以城市為中心的現代化戰略忽略了廣大農村地區。相反，共產黨的幹部卻在農村地區極為活躍，他們將其黨的建國理念傳播到農民中間，使得黨民同心展望國家藍圖。最終，共產黨得了農民，也得了天下。

　　共產黨運用"主權在民"的思想獲得城市居民的擁護，成功取代了國民黨。然而，一旦它成為握有權柄的執政黨，就開始將大量精力投入組織化和意識形態的建設上。弗朗茨‧舒曼（Franz Schurmann）剖析了共產黨領導下的中國的國家性質：

　　中國共產黨通過革命從國民黨手中奪權，並建立了現在的中華人民共和國。在過去的十五年間，中國的大小人物各懷目的，動用有組織的政治力量共同上演了一齣人間大戲。他們建立了新的偉大國家，訓導他們的人民，提高了生活質量，並為經濟增長打下基礎……共產主義中國就像一座由各種磚石砌成的大廈。不管這些磚石是如何堆砌的，這座大廈終究還是佇立起來了。而黏合這些磚石的正是意識形態和組織（Schurmann，1968：1）。

二、放權與發展

誠然，組織和意識形態是社會主義中國的兩大支柱。20 世紀 50 年代初，土地改革如火如荼，這一運動消滅了地方政治勢力，也清除了國家建設道路上的最大障礙。通過嚴密的組織和對意識形態話語權的掌控，黨領導下的國家很快將地方權力收歸中央，實現了集權。雖然暫時坐穩了江山，但如何實現國家的現代化，卻依然是艱難的問題。僅靠幾個領導人的個人意願和才能，並不能實現國家的經濟增長。沒有地方政府和社會各界的積極配合和協助，上層的意願很難真正落到實處。

因此，一旦實現了中央集權，卻又似乎馬上要陷入作繭自縛的困境。權力集中有利也有弊，更何況，分權也有分權的好處。於是，毛澤東意識到，須將集權與分權兩者進行調和。他試圖在國家權力和社會權力、中央集權制和地方分權之間尋找平衡點。他認為，應加強民主集中制原則的"民主"成分。於是，隨著 50 年代前半段的集中化浪潮退去，如何激發地方對建設新國家的熱情，就被列入中央政府在新時期的議程。毛澤東提議：

[中央政府] 應當擴大一點地方的權力，給地方更多

的獨立性，讓地方辦更多的事⋯⋯有兩個積極性〔中央
和地方〕比只有一個積極性〔中央〕好得多。我們不能像
蘇聯那樣，把什麼都集中到中央，把地方卡得死死的，一
點機動權也沒有（毛澤東《論十大關係》）。

　　毛澤東不喜歡蘇聯式的積冗的中央官僚體系，他更偏
愛全民大動員。故此，集權常常尾隨放權而至。然而，幾
波放權運動，再加上受封閉的地理條件所限，地方不得不
自力更生，這就使地方在事實上處於各自為政的狀態。由
於地方掌握著土地、勞動力和資本等各種資源，中央空有
集中的權力，卻無實際的施權之能，有權而無力。這種
"各自為政"的局面使得國家和社會的脫節日益加深，而
社會的疲怠又消磨了國家能力。到了 20 世紀 70 年代末，
中國陷入嚴重的危機中。

　　當此之際，鄧小平復出。他提議，中央與其揣著這種
無效的權力，不如向社會和地方放權來解決危機。不少其
他領導人也認識到，社會和地方能動性在推動經濟發展和
緩解國家——社會緊張關係上具有重要的作用。在這一
共識下，經濟改革很快大闊步前進了，儘管政治改革在當
時還尚未放開。人民日常生活的去政治化已成大勢所趨。

　　因此，當東歐還在推行自上而下的改革，中國的改革

派已試圖用放權的手段來改革經濟體系和實現經濟增長。在鄧小平的支持下,改革派將決策權下放給地方,並在實際上放鬆中央對地方產權和財政權的控制。隨著這一制度佈景的完工,各地政府也舊貌換新顏,成為發展型政府。

事實證明,地方政府向發展型政府的轉型成為推動地方經濟增長的良方。由於中國各省間差異顯著,國家很難推行統一的政策。只有當各省被賦予充分的經濟政策自決權,中國經濟才有望實現快速增長。這一點尤其在廣東、福建、浙江、江蘇和山東等沿海省份得到了明證。隨著改革的深入,放權幾近成了地方政府與中央交涉的口號,尤其是沿海省份,一再向中央爭取更大的自決空間。這使得國家的權力結構發生了很大的變化。廣東記者顏長江談到:"中央這些放權政策,實際上是把廣東'承包'給廣東人。"(顏長江,1993)

當自治權充分在握,地方政府的思路就活了:何不投身到世界經濟大潮中去?至少也該與鄰國或鄰近地區進行貿易往來。顏長江描述了廣東的情境:當時廣東省的領導向外一看,香港的南風已千方百計鑽進來,瞧人家那發達的經濟!為什麼不利用他們呢?(顏長江,1993)於是,各省爭先恐後,紛紛發展對外經濟。在這一浪潮中,省際的競爭深刻影響了各省的經濟改革。如《經濟學人》中的文章所描述的：

> 廣東的成功讓其他各省汗顏⋯⋯廣東毗鄰香港，確
> 實有著得天獨厚的地理優勢，這一點為其他省所不可比
> 擬。但不得不承認的是，如果廣東沒有一個親商的政府和
> 大量的私營企業（國有企業只佔很小的比例），香港也不
> 會主動叩響廣東的大門。於是，各省力爭上游，爭先恐後
> 推出各種改革模式（*The Economist*，1992）。

放權促進了經濟的高速增長，為人民生活帶來了翻天
覆地的變化。1978—1992 年間，中國經濟創下了年增長
率 9.5% 的歷史紀錄，並在此後三年實現兩位數的增長新
高。但諷刺的是，雖然小康生活近在咫尺，強國之夢卻依
然遙不可及。更糟的是，經濟增長反而誘發了國家權力危
機。經濟發展所帶來的負面效應深刻影響了中國人對國家
危機的認識，這一點不容小覷。

放權所帶來的種種好處並不是沒有代價的，這首先體
現為國家結構的失序。權力從中央轉移到地方，但這一新
的中央—地方關係的制度化還有待時日。沒有有效的制
度約束，地方主義繁榮滋長，對中央權力構成嚴重威脅。

財政權的流失是中央權力危機的一個重要跡象。自

1978 年實行改革以來，中央的財政收入一路下滑。一開始，中央將財政權下放給地方來激勵地方的積極性。但權力一旦下放，中央要想從地方徵稅就變得相當困難了。據統計，1978 年中央財政收入佔 GDP 的比重為 34%，到了 1995 年銳減為 6%（胡鞍鋼，1996）。當中央要求它們多交些稅，這些富省恃財而不願執行中央指令和權威。而它們之所以能先富起來，正是得益於放權。

放權也拉大了各地區間的貧富差距。在廣東、浙江、江蘇和山東等沿海地區，集體所有制、私有制和合資形式的非國有制經濟蓬勃興起，它們為地方創造了巨額財富。而在中西部內陸地區，由於資金和人才的匱乏，地方政府"巧婦難為無米之炊"，經濟增長難有起色，更不用說對所有制和工業結構進行調整和升級。發展上的差距不僅使東西部的人民生活呈現出全然不同的樣貌，也讓中央難以採取統一的政策來有效指導和管理地方。更有甚者，地方可以忽視中央指令，繼續我行我素，這使得中央利益和地方利益的磨合變得十分困難。

中央權力和權威的式微加速了地方保護主義的興起，中央無法再對地方進行有效的經濟調配。毛澤東時期的嚴格的計劃經濟體制使得中央能夠有效調控地方經濟，但這一體系歷經"文革"後瓦解殆盡。現在，中央對地方沒有什麼可調控的了。當富省有能力獨立制定自己的發展藍圖時，就不再願意與其他省合作。即使是在一省內部也鮮有合作。有研究發現，廣東省發達的珠江三角洲區域的地方政府"各自為政，缺乏協作"。另有研究顯示，江蘇省的蘇州、無錫和常州三個最富裕的地區之間也少有經濟往來。

富省和窮省之間的合作更是乏善可陳。他們其實有相似的工業結構，但貧困省對富裕地區心存芥蒂。例如，安徽的地方官們不願意與鄰居上海有所往來，因為他們感覺被上海人欺負了，上海在他們眼裏活脫脫就是一個新的"殖民中心"。湖南也自覺為"魚肉"而不願與"刀俎"廣東合作，湖南的領導有一次還下發禁令，不許向廣東運糧。類似的現象並不鮮見，各省採取各種行政手段來保護本省利益，與其他省競爭。

由此可見，放權雖然在很大程度上促進了中國經濟與世界經濟的聯繫，但在國家內部，放權反而引致各省經濟關係的疏離。據世界銀行的報告顯示，20 世紀 90 年代初，中國省際貿易佔了 GDP 總量的 22%，而歐盟各國之間是 28%，蘇聯解體前各加盟共和國之間也佔到 27%。世界銀行因此警示：這是親他國而疏他省，隨著對外貿易和國內貿易的總量發展方向背道而馳，中國各省正在演變成一個個獨立的"王國"。

放權所帶來的負面效應在各地激起了強烈的民族主義情緒，這給中央帶來了巨大壓力。貧富差距成為中國政治最重要的新議題。來自欠發達地區的幹部呼籲中央重新集權，並要求對窮省進行政策傾斜。顯然，他們也是受到了民怨壓力，當地居民眼見著自己的生活水平遠遠不如富裕地區的居民，這令他們感到不平衡和不滿。1994年的一項問卷調查顯示，當被問及地區收入差距過大可能帶來的最壞結果時，回答問卷的省地級幹部中有84%認為這將導致社會不穩定，16%的人認為可能會出現國家分裂，特別是在少數民族地區。調查結果還顯示，近64%的省地級幹部認為解決發達地區與欠發達地區間的經濟差距是國家的當務之急（胡鞍鋼，1994）。

那麼，放權對中央—地方關係又意味著什麼呢？過硬的經濟基礎使得地方得以掌握一定的政治主動權。在毛澤東時代，中央領導人一拍掌就能震得地方顫一顫，在20世紀80年代以後，中央不再能夠輕易控制地方的人事任免、移除地方勢力。中央與地方形成了相互依賴的關係。有了經濟實力做支撐，地方自己選舉的官員並不是中央說罷免就能罷免的。

漸漸地，地方幹部不再滿足於將自己的權力局囿在地

方，他們也要求參與國家大事的決策。自改革開放以來，
地方的利益越來越明顯地體現在中央一級的人事安排上。
地方想要在中央有可以支持他們的人，從地方調任上來的
幹部常常居於中央政府和黨中央的高位，此類人事錄用已
經在一定程度上形成一種慣例。在毛澤東時期，黨的精英
大部分來自中原地區，特別是湖南、江西和湖北三省。地
方官員晉升為中央領導的現象確實令人矚目。在吳國光
看來：

　　這一改變使得更多的地方幹部最終得以進入中央領導
層，首先意味著地方勢力在經濟大潮中水漲船高，而中央
也認可了這一事實。從此，在中央將聽到更多來自地方的
聲音（Wu Guoguang，1993）。

　　在中國共產黨第十一屆、第十二屆和第十三屆中央委
員會中，來自各省的領導都佔了大頭，這充分體現了地方
勢力的壯大。

三、國家—社會關係

縱觀中國近現代史，各種國家建構運動此起彼伏，而它們所面臨的共同難題是如何界定國家—社會關係。雖然主權在民從來都不是主流話語，卻一直都在中國的民族主義議題中佔有重要席位。不少政治精英和知識分子認為一個強大的國家必須建基於人民，國家與人民之間缺乏制度聯繫只會削弱國家。然而，即便 20 世紀 80 年代以後的改革極大地改觀了國家—社會關係，兩者間的脫節依然存在。

鄧小平時代的改革策略被認為是"經濟改革大張旗鼓，政治改革避而不談"（Shirk，1993）。重振國威的強烈使命感令改革派領導人斷定：政治自由化必須服從經濟增長。於是出現了經濟改革先行，政治的民主轉型暫且擱置一邊的情況。同時，國家還運用各種行政機制來干預經濟發展，這便使國家和社會之間的鴻溝變得更加難以填補。

當然，鄧小平復出後也強調主權在民或民主對於建構一個強大的中國的重要性。鄧小平在 1978 年訪美後提到，美國的校園組織了各種各樣的社團，討論各種各樣的問題，對於培養一種民主的學術氛圍是非常有益的。鄧小平對美國校園民主氛圍的興趣，可以被視為黨領導下的國家放鬆對社會團體尤其是對知識分子的控制的先兆。在改革的早些年間，不少高層領導人曾表示支持民主。鄧小平甚至提出：“沒有民主就沒有社會主義，就沒有社會主義的現代化。”（鄧小平，1983）受到這一想法的鼓舞，民間自發成立了各種社團和組織。對他們來說，官方話語中的四個現代化，即工業現代化、農業現代化、國防現代化和科學技術現代化並不足以將中國建成一個強大的國家。第五個現代化——民主——勢在必行。

同樣，當時中央領導人肩負起領導全面改革的重任，他們也試圖拉近國家和社會之間的距離。新的領導班子強調為學術和文化發展創造自由空間。領導人意識到，要想使政府決策更具科學性，一定形式的政策論辯不可或缺。而通過社會討論後所做出的決策也更具說服力，更令人民心悅誠服。1983—1984年間，以中國共產黨的老一輩領導人和理論家為代表的保守派發起了“清除精神污染”運動，隨後又在1985年發起了“反對資產階級自由化”運動。面對保守派的挑戰，改革派領導人試圖將其影響控制在黨內。

所有這些嘗試和努力顯然都有利於非政府的民間組織的發展。儘管如此，中央卻不能容忍社會力量過多干預國家的政治議程。自清末以降，為了實現國家自強，慈禧太后、袁世凱、蔣介石陸續推行了一系列改革。他們都"極其強調秩序和穩定，不僅對社會動員所帶來的不可控結果，甚至對多元政治和體制內可控的異見也有著歷久不渝的反感"（Cohen，1988）。孫中山曾指出，只有強大的國家力量（而不是社會力量）才能在中國這一後發展國家實現現代化，從而趕上西方先進國家。這種觀點在中國的政治精英中不乏響應者。鄧小平就認為改革的首要目標是強化國家。史謙德觀察到：

　　鄧小平的政治改革主要關注如何在國家機制內制定和施行政策。換句話說，他的政治改革實際上只是行政改革。對公民的政治參與權，即中國民眾在更廣泛的意義上參與國家政策制定和施行的權力，涉及非常有限（Strand，1989：1）。

　　民眾的政治參與必須得到政府的批准才得以可能，並在其監督下進行。鄧小平在當時強調，中國再也承受不起更多的政治和社會混亂了。

四、對國家權力危機的認知和國家主義的興起

　　20 世紀 90 年代興起的國家主義並不只是對 20 世紀 80 年代的放權所帶來的大量不可預知的後果的回應，也是強國情結的產物。這一情結往往使得民族主義者對國家權力危機產生錯覺，並通過誇大危機的嚴重性來為加強中央權力的合理性尋求辯解。無論是經濟改革派還是政治民主派，20 世紀 80 年代的改革對他們來說都意在建立一個強大的國家，他們的爭論點是該如何實現這一目標。國家領導人中的改革派視經濟增長為強國的第一捷徑，以知識分子為代表的社會力量則認為政治民主化才是中國的唯一出路。在這種情況下，國家主義成了各種觀點的調和劑。但對於 90 年代的新興民族主義者來說，問題已不再停留在經濟發展和民主何者對建立強大的國家更具有決定性的意義。他們認為，這兩者都很重要，但又是雙刃劍，都可能挑戰和威脅到國家權力，一旦這種情況發生，維護國家權力壓倒一切，因為國家權力才是維持中國統一大業的倚仗。

　　20 世紀 90 年代，各種社會和政治力量紛紛表達他們對國家主義的看法，其中尤以北京、上海兩地的知識分子最為活躍。在民族主義的話語體系下，關於國家主義有兩

大主要觀點，兩者的目標都指向如何通過集權來建立一個強大的國家。

持第一種觀點的國家主義者認為：唯有國家強大，民族才得以延續。在 20 世紀 80 年代，不少人將威權政體視作中國經濟自由化和政治民主化的主要障礙。他們認為，為了將中央權力下放，政治改革勢在必行。但國家主義者指出，放眼世界，不少國家的悲劇已經證偽了這一觀點。蘇聯和捷克斯洛伐克的解體以及南斯拉夫的內戰都證明，國家權力的削弱將導致國家的崩塌，而威權或極權政府的倒台也並不必然能促成極權到民主、計劃經濟到市場經濟的轉變。政治民主化和經濟自由化兩者都應在國家的框架內展開。一旦脫離了這一制度框架，混亂就在所難免。

如前所述，分權讓利產生了一些負面結果。確實，早在 20 世紀 80 年代末，不少民眾和政府官員就已經注意到了這一點。新權威主義的支持者強調中央對維護國家統一的作用。他們目睹了分權讓利導致全國擰成一股繩的局面成為如煙往事，擔憂各地政治和經濟的一盤散沙狀態最終會造成國家不穩定。

分權讓利不僅成為中央有效實施政策、管理市民社會的主要障礙，還引致了“諸侯國”的崛起。“諸侯割據”指當中央權力衰落時，各地權貴紛紛宣稱地方自治的一種國家分裂狀態。

在毛澤東時期，有領導人主張實行南斯拉夫那樣的分權。但之後南斯拉夫的解體使其成為一個反例。國家主義者提醒，如果中央再不收權，中國將走南斯拉夫的老路。這一論斷在 90 年代初關於"國家能力"的大論爭中獲得了普遍認同。1993 年，王紹光（時任耶魯大學政治系助理教授，獲康奈爾大學政治學博士學位）和胡鞍鋼（時任中國科學院國情分析研究小組成員）兩位學者發表了關於中國國家能力變弱不利於國家長治久安的報告。他們指出，國家能力的變弱以國家財力資源下降為顯著特徵。鄧小平的分權讓利改革，導致了中央的財政汲取能力下降，而這又產生連鎖反應，導致其他能力下降。如果勢態繼續惡化，國家分裂也並不是沒有可能的。一般認為，蘇聯和前南斯拉夫的解體在很大程度上歸咎於民族衝突。但在王紹光和胡鞍鋼看來，南斯拉夫的解體並非由於民族仇恨，而主要是由國家的財政能力過弱所致。由此，他們依託國家能力的理論學說來建議中央重新集權，從分權讓利的改革走向制度創新的改革。其實，早在此報告發佈兩年前，王紹光就曾提出，國家能力變弱並不是什麼好兆頭。誠然，"過度集權會造成嚴重的效率損失，過度分權則可能導致國家的分崩離析。"（王紹光，1995）

但也並不是所有人都這般悲觀。黃亞生就認為，權力下放得再厲害，中央也還是有辦法通過各種機制來規制地方官員。

然而，王紹光和胡鞍鋼的觀點則正好擊中了中央對於地方失控的隱憂。陳元早前就提醒過：分權讓利將導致中國分裂。他於 1991 年寫道：

> 如果把經濟與政治聯繫起來考慮，加強集中，更是勢在必行。中國是個幅員遼闊、經濟發展極不平衡的大國，沒有一個強有力的中央政府是根本不行的。如果聽任分散格局的進一步發展，經濟首先會被瓦解，隨之就將是政治上的分裂和割據。要保證經濟的發展和政治的穩定，就要進一步增強民族的向心力⋯⋯這都要求中央政府擁有足夠的權力。除此之外，別無選擇（陳元，1991）。

確實，到了 20 世紀 90 年代，對於分權讓利可能會導致國家分崩離析的憂慮不僅困擾著知識分子，也波及官場，成為中國轉型的新焦點。王紹光和胡鞍鋼的報告很快得到了高層的重視。彼時中國經濟改革的操刀者朱鎔基警示："中央一窮，中國就要分裂。"多數省地級幹部，尤其是來自少數民族地區的，也擔心中央財政汲取能力的不斷下降將導致國家分裂。如果中央不能推進欠發達地區和少數民族地區的經濟發展，漢族與少數民族的矛盾就將不斷尖銳化，成為社會不穩定因素的重要根源之一。因此，今後的改革應著力於建立"強中央，強政府"，如此方能確保國家的長治久安。

那麼究竟該如何重拾中央權威？一直以來，組織和意識形態是中國共產黨鞏固權力的兩大法寶。國家主義者力倡再度集權，但他們並不打算藉助這兩大法寶。轉而向西方學習制度建設，因為他們意識到中國作為一個國家體還沒有完成真正意義上的現代化，而傳統手段顯然無益於這一目標的實現。在當時的情況下，關於政治集權的公共討論還沒有完全放開，因此國家主義者關於集權的建言一窩蜂地湧向財政等經濟領域。

在國家主義者們看來，中國作為多民族國家統一局面的維繫，在很大程度上取決於中央能否重握財權。他們將現階段所出現的問題歸咎於財政放權，以及由此而導致的中央財政能力的弱化。王紹光指出，財政系統放權過甚，中央權力被掏空，已到了無權可施的境地。中央財權的衰微引發了一系列經濟、社會和政治問題。財庫的虧空使中央政府無法為老百姓提供足夠的公共物品和服務，基礎設施的不足已經成為中國經濟發展的瓶頸。此外，中國正面臨著嚴重的生態和環境危機。中國經濟駭人的增長速度是以生態和環境為代價換來的。酸雨不但威脅著本國的經濟、生態和國民的身體健康，也引發了日、韓等鄰國的不滿和抵制。但鑒於中央財力不足，無法撥發更多的款項用於污染治理，環境仍將繼續惡化。

20 世紀 90 年代初，中央嘗試實行中央地方分稅制來重新集權，這一制度於 1994 年正式在全國推廣。但因觸動了地方利益，建立分稅制並非一帆風順。作為一項艱難的制度創新，分稅制的目標目前還尚未實現。中央財政汲取能力進一步下降。1993 年中央財政收入佔 GDP 的比重約為 5%，1994 年上升為 6%，1995 年又下降為 5.7%。中央財政支出佔 GDP 比重 1993 年為 5.7%，1995 年降為 3.5%，比南斯拉夫解體前的 5.3% 還要低（胡鞍鋼，1996：2）。因此，胡鞍鋼論斷 "中央財政已瀕於 '破產' 的境地"（1996：2），這並非杞人憂天。中央將面臨無力支付軍隊、警察和政府行政運作的各項開支的困境，不僅國家的進一步發展舉步維艱，連國家分裂這樣的預言都可能不再是危言聳聽了。因此，不論從哪方面分析，財政集權都已是刻不容緩的頭等大事。

那麼該如何集權以提高中央財力？支持在市場經濟的微觀基礎上重新集權的學者認為，不僅要繼續推行分稅制，更應實施必要的經濟懲罰和行政手段，唯此方可樹立和強化中央的政治權威。中央財政的重新集權不僅是就中央與地方的關係而言，亦是就中央與各部門之間的關係而言。雖然從中央與地方的關係來看，分稅制相對集中了中央財力，但中央本級財力依然極其分散。一些部門各自形成利益集團，強調本部門的局部利益，這使得中央無法集中有限的財力辦成幾件大事。因此，國務院要適當地集中中央本級財政，至少要使每年新增中央本級財政收入集中到國務院總理手中。

此外，應取消計劃單列市和副省級建制。自改革以來，許多城市由省轄市升格為"計劃單列市"。這些副省級單位的行政與財政事務不是由所在城市的省級政府，而是由中央直接領導和管轄。但事實上，它們既不受中央控制，也不服省政府管，已經成為財力雄厚的"獨立王國"。如果不取消副省級序列，這些"獨立王國"的存在無疑將成為提高中央財力的重大阻礙（胡鞍鋼，1996：8）。

結論

20 世紀上半葉，中國的民族主義者所面對的共同問題是如何將中國從傳統的王朝國家轉變為一個現代民族國家。當時，相當大一部分知識分子意識到中國作為文化意義上的國家或王朝國家，與現代歐洲的民族國家有著天壤之別。王朝國家高度集權化，但中央政府又太羸弱以致無法發展國家，更不用說來保衛國家。要使中國成為強國，第一步不是要實現民主化或發展社會福利，而是要建立一個現代的國家。那麼如何將中國建成一個現代的國家？許多人力主將實行個人獨裁的專制統治作為首要之務，因為只有強力政府才有可能建成強盛國家。這一主張甚至在自由主義知識分子中也激起了強烈的共鳴。正是這種對強力政府的寄託成了 30 年代國民黨政權的統治基礎。

時光荏苒，歷史很快演進到新的改革時期，但 20 世紀 90 年代的新民族主義知識分子依然面臨著他們的先輩在 20 世紀 30 年代所面臨的困惑，這就是：中國該如何轉型。中國共產黨打下江山後不久，就建立了一個高度集權的國家，但國家轉型卻成為其孜孜以求幾十年的難題。面對參差不齊的各地地情，中央曾採取分權讓利的政策手段，但結果卻不盡如人意。於 20 世紀 90 年代的新民族主義者而言，任何形式的政體，哪怕是專制政權，只要能保存國家，就是合理的。若國將不存，討論國之轉型又有何意義？

這就是 20 世紀 90 年代國家主義者們的邏輯。他們還相信，"集權" 而無需 "極權" 就可以實現強國之夢。他們認為，強國和現代化可以同步進行，這便是，通過現代手段來改造國家。而事實上，不通過現代手段，也很難將中國從傳統的 "極權" 王朝帶向現代的 "集權" 國家。

但問題是，權力一旦下放，就很難再集中起來。國務院提出的各項新制度都遭到了來自地方和中央本級各部門的強烈抵制，這使得中央不得不調整最初的計劃來與地方利益和部門利益進行妥協。面對重重荊棘，中央能否突出重圍，強國之夢能否實現依然懸而未決。

第三章
認同危機："新左派"和反西化浪潮

　　民族主義事關我們和他們之間的對立。這種對立的尖銳化，對民族主義的形成起到了關鍵作用。換句話說，在鍛造民族主義這一硬幣時，對於"我們"的認同和對"他們"的貶抑往往構成它的正反面。這使得民族主義與排外主義常有交集。也正因此，民族主義在體現一國民族認同的同時，對於該國的國際行為也有著特別重要的意義。

　　1894—1895年中日甲午戰爭的慘敗，使得中國的知識分子認識到民族認同之於建構強大的民族國家的重要意義，這是他們在世紀之交的重大發現。他們將日本明治時期文字資料中的"民族"（按字面意思講，即"同宗同族之人"）這一現代概念引入中國。但大體來說，中華民族在醞釀其現代民族認同時所處的國際環境使這一認同浸染了濃烈的仇外色彩。有學者指出，在現如今的中國民族主義中，這種仇外情緒仍然依稀可見。

　　中國的民族主義形成於反帝聲浪中。面對外族的入侵，當時的知識分子用筆在紙上奔走疾呼：亡國滅族的危險已然迫在眉睫！正是在這樣的民族主義書寫中，“中華民族”一詞頻頻出現。王賡武曾扼要概述了外部因素對中國民族主義形成和發展的影響：

　　一連串的戰敗使得世界各地的中國人抬不起頭來，使得外國人在中國境內享有治外法權，也使得外商在中國的土地上橫行霸道。對於所有倍感蒙羞的中國人而言，民族主義這一概念本身就是莫大的鼓舞。縱觀整個 20 世紀的（中國）反帝反殖鬥爭史，民族主義在引領這些鬥爭的理念中幾乎都佔有核心地位。蔣介石和毛澤東都是在民族危機的驅動下投身政治的。而儘管中國共產黨在 1949 年掌權後打著浪漫的國際主義的旗號，但民族尊嚴和國家利益也始終是中華人民共和國的首要目標（1995）。

　　追昔撫今，該如何理解發生於 20 世紀 80 年代以後的改革語境中的反西方情緒呢？它是舊有的仇外主義的延續嗎？如果答案是肯定的，那麼，說中國的新民族主義具有挑釁性（尤其針對那些對中國採取不友好政策的國家），就並非誇大其辭。抑或，這是一股新的反西方浪潮？如果是，那麼，這是因為中國想要像二戰時的德國和日本那樣，展示一下自己被現代化所滋養的日漸強壯的肌肉呢，還是因身陷現代化的窘境，日益浮現的各種"中國問題"迫使中國不得不做出這樣的應對策略呢？

　　儘管新時期的民族主義仍然以排外主義為主要特徵，二者卻再也無法等同。相較於毛澤東時代，20 世紀 80 年代鄧小平執政時期的民族主義，不僅是對變化中的國際環境的回應，更是對國家現代進程中漸顯的諸多病症的內在反思。在新的民族主義者看來，20 世紀 80 年代西化導向的現代化，導致了包括民族認同感下降、傳統價值觀衰落和馬克思主義、毛澤東思想信仰魅力下降的各種危機。如果繼續沿著西化的方向，中國的現代化將毫無出路。要成為一個強大的國家，中國的現代化就必須扎根於民族主義。然而，不同於傳統的仇外主義，新的民族主義旨在建立一種新的民族認同，它強調 20 世紀 80 年代以後改革語境下的"中國性"以及中華文明與西方文明之間的區別。

　　這種發端於民間的以反西化為主題的民族主義，主要表現為兩種形式：一種被理論家們貼上了"新左派"的標籤，❶另一種則以反西方文明為特徵。"新左派"不滿於有

---

❶ 有必要指出的是，"新左派"一詞是西方術語的直譯，但中國的"新左派"不同於西方的"新左派"。在國內外中國問題研究者們的指稱中，該詞囊括 20 世紀 80 年代以後中國的諸多思想流派，如新保守主義和新權威主義。"新左派"之"新"意在與改革之前的"左派"相區別。

關中國改革的種種理論，認為這些理論深受西方經濟改革
論調的荼毒。而反西方文明一派則強調，民族主義為什麼
應該藉助以及該如何藉助儒家文明來抵禦西潮的吞噬。

一、尋求新的民族認同：現代化還是 "西化"

很難將西化認定為 20 世紀 80 年代以後中國現代化的
主要特徵。事實上，"西化" 是中國的民族主義者在尋求
新的文化和民族認同的過程中建構出來的產物。毛澤東時
代的激進主義瓦解了原有的文化和民族認同。這一認同缺
失的危機在鄧小平的改革時代轉化為認同建構的危機。民
族主義者們將新的危機歸咎於 20 世紀 80 年代以西化為導
向的現代化。將西化樹立為對立面後，建構新的民族認同
也就變得容易多了。

無疑，鄧小平的改革意在緩和毛澤東的激進政策所引
發的認同危機。促進經濟發展為特徵的改革將中國從毛澤
東時代的泥淖中拉出來，點燃了新的希望。但雙足還未洗
淨，中國很快又掉入新的泥淖，於是，人們便又質疑起鄧
小平的改革模式來。

　　毛澤東離世後，中國民眾對國家是否正在經濟上遭受重大磨難看法不一，但他們一致認為嚴重的認同危機正侵蝕人心。在中文著述中，這被稱為 "信仰危機"。這一危機波及社會各群體，在年輕人身上表現得尤為顯著。媒體稱經歷危機的這代人為 "省思的一代"、"受創的一代"、"被遺棄的一代"、"迷失的一代" 和 "墮落的一代"。

　　20 世紀 70 年代末，一場關於 "人生意義" 的大討論在中國共產主義青年團中央委員會旗下的《中國青年》雜誌上展開。討論的起因，是源於 1978 年該雜誌刊登的一封題為 "人生的路啊，怎麼越走越窄……" 的讀者來信。作者是青年女工潘曉。她相信每個人都是自私的，"在利害攸關的時刻，誰都是按照人的本能進行選擇……任何人，都是主觀為自我，客觀為別人"。這封信甫一刊登，就在青年人中激起了強烈的反響。在短短 25 天中，《中國青年》編輯部收到了來自全國各地的 18603 封讀者來信。潘曉的困惑不無響應者，一位學生寫道：

　　我們這代人，從小學一年級起，受到的教育是我們偉大的社會主義祖國如何如何好，而資本主義國家的人民則生活在水深火熱之中……而現在，一旦打開了我們的眼界，從電視中看到外國那豪華的城市建築、現代化的設施及公園、文化中心等等，再比比我國，後者就顯得落後了。這個彎怎麼轉得過來呢？（《人民日報》，1979 年 5 月 18 日）

　　認同危機還影響了地方幹部對中央的態度。尤其是廣東、福建、浙江、江蘇和山東等沿海省區，他們不再信任中央制定的國家發展目標及其達成這些目標的能力，轉而要求中央進一步放權，以在更大程度上實現本地經濟的自治。1979 年 4 月，時任廣東省委書記習仲勳在中央工作會議上表示（引自顏長江，1993）：“廣東同志討論來討論去，覺得優勢發揮不出來，我們的經濟工作往哪裏走，我們很苦惱！⋯⋯我們想向中央要權！請求中央政策放寬，讓我們多出口，我們也給中央多創匯！”

　　20 世紀 70 年代末發生在中國的認同危機，源於民眾對現有意識形態的信仰的瓦解和對國家發展目標缺乏信心。面對國家與社會之間的緊張局面，鄧小平復出後的首要任務是安邦，之後才是強國。進入 20 世紀 80 年代後，以現代化為導向的改革卓有成效，國家經濟迅速增長，人民生活水平顯著提高。

　　20 世紀 80 年代的發展從一系列的增長值上可見一斑。根據《經濟學人》（The Economist）的統計結果，當時的國民生產總值達到了年均 9% 的高增長率。在 1978—
1991 年間，糧食消費總量平均上升了 20 個百分點。1981
年，平均每 100 戶城市家庭才擁有不到一台彩色電視機；
而 10 年後，這個均值則達到了 70 台。同樣，1981 年每
100 戶城市家庭只有 6 台洗衣機，到了 1991 年則達到了
80 多台。

與此同時，西方的各色觀念也乘著改革開放之風迅速
湧入中國。事實上，國家決策者的經濟改革政策就借鑒
了西方經驗。有學者指出："在改革開放的最初階段，西
方社會的制度結構和價值觀念，曾經對我們的社會發生
過重要的影響。"（孫立平，1996）到了 80 年代中期，
不少中國人對西方文化興趣漸濃。1987 年的一項全國調
查顯示，75% 的普通中國人對西方思潮進入中國持寬容
態度，而持相同態度的黨員比例則佔到了 80%（閔琦，
1989）。

但這些發展並未能改善國家—社會關係。相反，它
為國家認同和文化認同帶來了新的危機，這一點在知識界
和年輕人中表現得尤為明顯。

另一方面，政治民主化的籲求也越來越強烈。最初，
政治改革確實曾被提上國家的改革議程，但卻又很快被放
棄了。政治上任何實質性的改革措施都舉步維艱，不少人

將矛頭指向了中國的傳統文化。

這種以責難為基調的認同危機持續到 80 年代末，終於迎來了打著“新權威主義”旗號的新一批民族主義者，民族主義已注定要成為新歷史時期濃墨重彩的一筆。將民族主義推上中國話語舞台主場的是風雲驟變的國內和國際環境，這兩方面的變化又牽引著中國與世界關係的改變。這些變化影響了中國人對國家發展和世界局勢的認知，主要表現在四方面：

首先，冷戰後，民族主義在蘇聯和東歐取代共產主義意識形態。在孫立平看來，東歐劇變對於民族主義思潮在中國形成的作用主要表現在：它使知識分子認識到，在傳統意識形態衰落、社會矛盾和危機加重的情況下，政治解體和社會解體，恐怕是一種比停滯和保守更為嚴重的危險。正是在這樣的背景下，一些人開始倡導民族主義（1996a：17）。❶

第二，隨著中國漸漸融入國際體系，中國知識界開始熟悉西方制定的國際規則，關於大洋彼岸的信息也變得唾手可得，這使得他們有條件重新認識和反思西方文化。在改革的最初階段，西方被視為可以效仿的榜樣。但隨著中

---

❶ 包括改革派領導人在內的一大批人認為，如果不進行經濟和政治體制的改革，國家前途堪憂。

國日漸強大，西方的善意也漸行漸遠。西方守成大國唯恐中國崛起，而西方的影響也並不全是正面的，在與西方文化的拉鋸戰中，中華傳統文化受到嚴重侵蝕。

國人對西方文化和觀念的反思是新民族主義興起的誘因。在改革開放初期，西方被視作舒適的物質生活、合理的制度建構、創新精神和先進科技的代名詞。但在與西方共舞的同時，中國人越來越意識到完美的西方只是想象中的烏托邦，西方神話很快破滅。西方的各種行徑也對中國的國家利益不利，尤其是當其對中國加入世界貿易組織設置高門檻時，西方守成大國對中國崛起的抵觸心理更是彰顯無遺。

第三，雖然中國正漸漸融入國際體系，但卻又不願意全盤接受現有的國際規範和準則。這使得中國備受各方壓力。民族主義成為中國抵制這些外來壓力的精神支柱。如一位學者所言：

外交上，（中國）雖放棄意識形態標準而盡量務實，但又不可能與西方國家採取共同的價值準則。這反而導致中國需要單方面承受外部意識形態的壓力。……在這特定的歷史情勢中，民族主義被推舉為"候選人"（陳少明，1996）。

　　第四，隨著中國經濟從計劃經濟過渡到市場經濟，在國家經濟實力增長的同時，原有的意識形態和空泛的政治口號，也在變遷的生活面前失去現實意義。因此政府需要新的對民眾有感召力的精神工具，來駕馭轉型時期複雜多變的中國社會。民族主義成了這樣的精神工具。

　　在新民族主義者看來，中國的現代化與西化並無太大差別。正是西化引發了民族和文化的認同危機。為了扭轉危機，民族主義者將抵制西化視為己任。但抵制西化並不意味著中國的現代化進程須被放緩，而是要認清復興民族認同和文化認同才是重中之重。民族和文化認同是中國這一民族國家的建基所在，任何對其構成威脅的改革方案都是不可取的。要在復興舊有認同的基礎上建立新的認同，改革就不能以西化為導向，而應是“中國化”的。換句話說，現代化應與西化撇清關係，而與“中國性”建立緊密聯繫。這種對“中國性”的強調將“新左派”與以馬克思主義、毛澤東思想為教條的“舊左派”區別開來。

　　如何使國家變得富強，是困擾中國現代民族主義者最主要的難題。當西方思潮隨著洋槍大炮與現代化同時來到中國時，他們在西化與現代化兩者間進退維谷。在激進的改革家看來，過於強調中國性和固守傳統只會使國家故步自封。只有以更為開放的態度借鑒西方的普適價值觀，順其勢借其力來改造中國，才有望使中國盡快重新參與到世界的角逐場。相反，保守主義者不贊成西化，他們深信，傳統價值觀才是開啟塵封已久的民族自信心的密鑰。

到了 20 世紀 80 年代以後的改革時代，知識界和政治精英們依然圍繞著國家富強的途徑形成不同陣營。當時的激進改革派提倡依循西方的經濟和政治模式來進行改革，而保守派和左派則堅持傳統價值體系，甚至提出以毛澤東的意識形態為旨歸。很難將"新左派"歸於這兩大陣營的任何一方。不同於"舊左派"，"新左派"並不排斥改革開放政策。但他們反對任何政治上和經濟上激進的改革措施。也與"舊左派"黨的利益至上的立場不同，"新左派"強調國家利益高於黨，黨應改革自身以適應中國的現代化。"新左派"最為關心的是如何使現代化和保存獨有的民族認同及文化認同這兩方面並行不悖。

二、反對制度拜物教

如前所述，20 世紀 80 年代不少知識分子提倡以市場經濟體制來取代計劃經濟體制，以民主制來取代威權政治。當時，國家領導人雖對是否應大膽引入西方的民主制仍持保留態度，但他們確實願意在政治上適當放鬆。鄧小平就曾強調政治改革於經濟發展的必要性。經濟改革則在國家調控之外，加入市場調控，促進經濟發展和運行。

值得一提的是，早在東歐劇變之前，中國的知識分子就已開始對“西化”導向的改革策略進行了反思。20 世紀 80 年代末風靡一時的新權威主義及關於它的論爭，正是這一反思的直接產物。之後，東歐劇變使得中國的知識分子更加確信：“西化”導向的改革很可能使經濟和政治走向秩序的反面。為了避免歐洲的失序和混亂在中國重演，“新左派”正是在這一背景下登上了話語舞台，它反對任何形式的激進改革，為以集權政權來引領中國發展的合理性正名。

反制度主義，或曰新保守主義，是“新左派”的重要一支。20 世紀 80 年代的改革派主張以西方制度來取代中國舊有的體制。反制度主義者則認為此法不可取，外來的制度無法在中國生根，如果一味以建立西方制度作為實現現代化的指標，政治和經濟災難就會接踵而至。改革僅僅意味著改變和革新現行的制度，並不是非要以相異的外來制度取代之。“新左派”的代表人物蕭功秦指出，中國的現代化不應以西式的民主制和自由市場經濟為目標。在西方，民主與自由市場機制得以良性運作，皆因社會內部存在著若干社會、經濟、文化因子作為支撐條件。當人們為了在中國取得上述效能而孤立地搬入某一西方制度時，由於中國社會缺乏相應的社會條件，結果往往適得其反。

因為任何由傳統計劃經濟體制這一母體所滋養的力量都與其具有先天的親緣性，所以中國的政治精英將目光投向西方制度，以期尋找外來變革力量也就順理成章。但西方模式亦是在西方的社會、經濟和文化土壤中孕育而生的，激進改革派忽視了這一點，他們將西方模式移植到中國土壤的構想便也將很快幻滅。當新舊制度的連續性被抽離，民族認同的危機就在它們之間的裂縫中浮現了。

"新左派" 將中國改革在 20 世紀 80 年代所遭遇的挫折歸咎於西方制度至上論者。他們的激進改革政策和政策建言——如 80 年代末的以價格闖關促經濟改革，又如自由經濟派所主張的曾施行於東歐的 "休克療法"，再如不少知識分子和主要改革派當權者一再強調的以西式民主制度為自由市場經濟建基——致使國家政治失序。

東歐劇變及相應的經濟失序，促使人們重審集權制的意義。政權這一頂樑柱一旦崩裂，民族國家便 "呼啦啦如大廈傾"，更勿論架構於其內的政治和經濟改革。因此，盛行於 20 世紀 80 年代的政治改革和經濟改革齊步走的倡議，並不為 "新左派" 所稱道。在他們看來，能為中國的自由市場經濟保駕護航的並非自由民主制，而應是中央集權制。只有這樣的強勢政權方可有力地支撐起國家這一大廈以容納改革，也才有能力應對經濟現代化將帶來的任何不可期的結果。

蕭功秦在他的文章中談到威權政治於經濟現代化的必要性：

現代化發展不得不求助於強大的國家力量：通過強人政治的有效統治，來維持整個社會發展的秩序與安定，為經濟的繁榮與發展，以及為中產階級的發育、壯大，創造一個比較穩定的社會環境（蕭功秦、朱偉，1989）。

在西方，自由市場機制或稱 "看不見的手" 是在沒有政府干預的情況下獨立發展成型的。但在中國，國家這隻 "看得見的手"，在打造市場這隻 "看不見的手" 的過程中起著不可或缺的作用。

如此看來，中國的政治改革應旨在建立一個新權威主義的而非西式民主的政權。蕭功秦在文章中進一步指出，新權威主義往往藉助傳統的價值體系作為凝聚社會精神的支撐點。而傳統的價值體系具有強烈的專制導向，它暗示著權力的集中和個人崇拜，這很可能使新權威主義的治國者推行強權政治，追求權力的個人化而又缺乏有效的監督，由此而產生的便是權力的濫用和政治的腐敗。從這一點來看，新權威主義可能成為民主化的重要障礙。但作為一種政治理論的新權威主義，對中國現代化模式的選擇具有一定的參考和啟迪作用。這是因為：首先，新權威主義的治國者並不排斥現代化。由於其威權的合法性來源於民族主義及現代化，新權威主義"高度強調經濟發展、普及教育等目標，以獲得最大多數民眾的支持"。其次，新權威主義憑藉龐大但有效的國家體制和強有力的軍事力量，來實行自上而下的統治。最後，新權威主義對西方的資本和先進的技術、文化採取開放的政策，希望藉此來推動本國市場經濟的發展（蕭功秦、朱偉，1989）。蕭功秦的這些觀點在中國知識界獲得了廣泛認同。

三、中國經濟改革理論的"本土化"

"新左派"的另一分支試圖將中國經濟改革的理論本

土化。他們強調，必須同時在理論和實踐兩方面建立起中國改革的新模式。時值 20 世紀 80 年代，中國的改革者還未就經濟改革形成清晰的思路，他們願意傾聽西方經濟學家和來自國際經濟組織的看法。1980 年和 1988 年，美國經濟學家米爾頓·弗里德曼（Milton Friedman）兩次訪華，在中國的知識界和改革派政要中反響熱烈。

但隨著以西化為中國經濟改革走向定性的提法付諸東流，中國的改革在"新左派"眼裏已然勝利在望，因為它成功抵禦住了西方的影響。但"新左派"馬上又面臨著建構本土經濟理論的任務，因為只有這樣，才能手持有力的理論武器繼續與西化相對抗。

激進的改革措施如"休克療法"和"大爆炸"直接引發了東歐的政治經濟大混亂，在"新左派"看來，這全應歸咎於這些國家的當政者試圖以西方新古典經濟原則來指導本國的經濟改革。事實證明，西方模式一旦被移植他方就很容易水土不服。中國的經濟改革不照搬任何模式，也無法用西方的經濟範式來加以闡釋。如崔之元所言：

舊範式是新古典主義經濟學。此範式的核心觀念是"矯正價格"（"getting the prices right"）和"矯正所有制"（"getting property rights right"）。東歐改革的設計者是這一範式真誠的信徒：一系列被廣泛稱為 "震盪療法"（"shock therapy"）或 "大爆炸"（"big bang"）的急速價格開放和私有化計劃，是新古典主義範式自然的政策歸趨。但與此強烈對比的，是中國並沒有實行 "一步到位" 的價格開放……因此，在新古典主義經濟學家們看來，中國的改革似乎是走上了歪路（崔之元，1995）。

那麼究竟該如何解釋中國的改革成就？"新左派" 認為，不可將中國的實踐經驗削足適履，硬塞入西方的社會理論框架內，而應為其特製本土理論。"新左派" 的領軍人物甘陽指出：

今日所說的社會科學，即西方社會科學乃是在西方本身 "社會變遷" 的過程中形成的，它不僅體現了西方人對西方這一社會變遷過程的自我理解，同時也是這一變遷過程中各種複雜社會政治因素的作用結果（甘陽，1994）。

"新左派" 呼籲中國改革理論的本土化。然而，他們所提出的種種理論還遠未形成完備的體系。

四、“趕超”還是“比較優勢”

改革開放前的中國曾一度被世界經濟體系所孤立，改革開放後的領導人意識到這種孤立狀態是新中國成立後經濟遲遲不見起色的主要原因。他們相信，中國想要實現現代化，就必須融入世界經濟。改革開放政策正是在這樣的背景下出台的。

改革開放使得中國經濟日漸融入世界體系。到了 20 世紀 80 年代末，中國的經濟學家開始為國家的出口導向型經濟實踐提供理論依託，並為深化中國參與世界經濟尋求更多可能路徑，其中具有一定影響力的有國際大循環理論、比較優勢理論、國際分工理論、海外投資理論等。這些理論有著共同的要義，即只有充分融入世界經濟，中國才能利用自身的比較優勢與他國在國際市場上一決雌雄。

1989 年後中國經濟改革的勢頭一度放緩。1992 年，鄧小平高調視察南方，意在發起新一輪改革。視察南方後，中國的對外經貿飛速發展，知識界就這一新經濟現象展開討論。眾說紛紜中，畢業於美國芝加哥大學的經濟學家林毅夫及其合作者提出了比較優勢理論（林毅夫、蔡昉、李周，1994a，1994b，1995，1996）。他們指出，毛澤東時代的趕超戰略使中國的經濟發展嚴重受阻。這一戰略以高度集中的計劃經濟體系為依託，各級政府介入經濟活動。在計劃經濟體制下，經濟績效差，福利分配難以遵循理性經濟法則，還常常引發通貨膨脹。這使得人民生活水平難以提高，中央和地方收入也捉襟見肘。反之，鄧小平時代的比較優勢戰略則大大推動了中國的經濟發展。在國內，經濟放權賦予地方政府和個人更多自主權，使他們得以放開膽量搞活地方經濟。在國際上，開放政策使中國能夠發揮比較優勢參與國際市場的競爭。

既如此，中國的經濟改革為何依然困難重重？在林毅夫看來，這皆因戰略的轉換不夠徹底，經濟政策依舊帶有昔日趕超戰略的餘跡。唯有大刀闊斧深化改革，為自由市場的良好運作提供配套機制，才能將比較優勢戰略貫徹到底。

比較優勢戰略很快招致"新左派"和其他反西化學派的反對聲浪，他們的反對理由主要有三點：

第一，比較優勢戰略要使中國經濟緊跟世界經濟發展的風向標，雖然中國可因此而在經濟上獲益，它的政治獨立性和國家安全卻將受到挑戰。"新左派"的幹將石中認為，比較優勢戰略的邏輯被推向極端後，就存在這樣的危險："這將使中國把自己的命運交在他人手中，允許自己的經濟前途、國家安全取決於別國的戰略利益。"

（1995：11）將中國經濟整合入國際體系將會給國家的發展和安全帶來隱患。石中繼而指出：

> 　　國家安全並不僅僅是一個軍事概念，而是一個經濟概念……現代的產業技術恰恰可以做這樣的分類：一類產業技術是可以控制他人，使他人依賴於自己的；而另一類產業技術卻恰恰相反，它可以使一國依賴於他國，受他國控制（石中，1995）。

　　中國的近現代史告訴我們，依賴最終會導致國家主權的淪喪。鴉片戰爭前，中國經濟在許多方面依然遙遙領先於西方，但工業尤其是軍工技術在西方的蓬勃發展給了中國致命一擊。中國的政治精英因此意識到趕超的迫切性，只有實行趕超戰略，才能讓中國這一後進國免受他國欺辱。

　　毛澤東的趕超戰略引發並遺留下各種經濟問題，但不得不承認的是，也正是這一戰略使中國得以建立相對獨立的經濟體系，不受他國挾制。儘管中國經濟自 1978 年以來取得了傲人成績，但在許多核心產業技術上仍舊遠遠落後於西方先進工業國，故此，石中提醒道：

中國如果不搞趕超戰略，就很可能被新的技術革命再次甩到後面，這次很可能比十九世紀更慘……因此，建立獨立、完整的工業體系，仍應是中國的長遠目標（石中，1995）。

鑒於相對落後的中國經濟無法與西方跨國資本相抗衡，比較優勢戰略無法保護民族產業免受激烈的國際競爭的衝擊。民族產業被視為中國的脊樑骨，將支撐起中國的大國地位。而比較優勢戰略卻為海外資本打開大門，它們潮湧而入，對民族產業不宣而戰。跨國資本搶灘登陸中國，在不少國人看來，其來勢洶洶意在擠垮民族產業，以達到永久佔有中國市場的目的。

比較優勢戰略要求中國遵循由西方所定義的國際秩序，而這往往與中國自己的國家利益相衝突。新保守主義的代表人物何新建言，當政者應學習毛澤東的國際戰略，將國家利益放在首位，在國際社會中大膽推行對本國最為行之有效的準則。

此外，中國能否發揮比較優勢，還取決於特定歷史時期的國際環境。"新左派"們曾預言，隨著蘇聯的解體，中國的國際環境甚至會變得更糟。中國無法利用比較優勢與西方先進國家競爭。事實上，西方國家尤其是美國，已

經感受到中國的比較優勢所帶來的"威脅"，這正是他們
對中國施加技術禁運和貿易制裁的原因。

　　第二，"新左派"反對中國實行出口導向型的經濟發
展模式，認為該模式會使中國經濟失去獨立性。在毛澤東
時期，中國奉行以進口替代為主搞外貿的經濟發展模式。
20 世紀 80 年代以來，隨著對外開放成為基本國策，中國
的經濟發展開始轉向出口導向型模式。如上所述，改革派
領導人視出口導向型模式為中國經濟發展的命脈。這一
模式在 1992 年鄧小平視察南方後再次備受矚目，在南方
談話中，鄧小平強調要學習東亞模式，深化中國的經濟改
革。但"新左派"卻不以為然。他們認為，作為一種依賴
型發展模式，出口導向型發展模式會對中國經濟的長遠發
展帶來負面影響。如國務院發展研究中心的劉力群所言：
"出口導向經濟模式的最大缺點，是受國際環境影響太
大。對歐美市場需求的依賴性極大，只要國際市場發生小
變化，就會造成本國經濟大波動。"（劉力群，1994：44）
這種情況在東亞其他國家中屢見不鮮。在國際經濟中，關
稅、配額、信貸、投資、匯率等國際經貿條件實際上是由
西方發達國家控制的，而出口導向小國只能對它們唯命是
從。一旦這些小國的發展觸及發達大國的利益，就不可避
免地要受到制裁（劉力群，1994：44）。

　　據"新左派"的預見，雖然在過去十年間中國從出口導向型發展模式中短期獲益，但以長遠計，中國繼續依賴這一模式的前景不容樂觀。如果中國的社會主義體制改革不統一到西方發達國家的制度上來，不在經濟上與西方國家同集團，西方就不會允許中國出口導向型經濟的發展。劉力群認為（1995：445），迄今為止出口導向模式在東亞的成功有賴於三項外部條件：冷戰中的政治軍事同盟是單向優惠的基本條件，經濟貿易同集團是產業、技術升級的必要條件，社會經濟同體制是既依附又競爭的自由貿易的一般條件。很顯然，如果中國繼續奉行出口導向的經濟模式，就會受制於西方發達國家。

　　再者，即便中國繼續屬意於出口導向型發展模式，這一模式在中國也將難以為繼。原因之一在於，促成此模式在東亞其他國家生效的上述三項歷史條件已不復存在。其二，西方並不樂見中國崛起。早前，西方有意將中國納入世界經濟體系，但隨著中國經濟迅猛發展，對西方的經濟，甚至軍事和政治構成挑戰，西方既得利益者開始將日益強大的中國視為洪水猛獸，對其採取堅決遏制的態度。

　　綜上來看，走出口導向型經濟之路不符合我國利益。一旦中國經濟在更深層次上融入國際體系，西方將在他們所定義的規則中找到更多遏制中國的選項和突破口。因此，有必要重新思考中國的發展戰略。即使出口導向的經濟模式可以滿足眼前的利益需求，但"從我國長遠利益看，還是獨立比依附好"。

第三，比較優勢論者言稱，廢除計劃經濟體制，以市場取而代之可以深化中國的經濟改革。"新左派"對此持不同意見。他們認為要想取得經濟改革的更大成功，反而應當加強政府的經濟規劃職能。但這並不意味著回到舊有的計劃經濟體制，相反，"新左派"倡議一種全新的計劃經濟模式。

比較優勢論者和"新左派"對計劃經濟所持觀點的相左，體現在他們對東亞經濟奇跡的不同解讀上。前者將之歸因於比較優勢發展模式，後者則認為政府的"計劃理性"造就了這些國家的成功。"新左派"進一步指出，回觀中國，也不乏計劃理性的實踐，毛澤東時代的趕超戰略正是這類實踐的典型體現。從經濟績效來看，即使在"文革"時期，中國的表現也並不差。舊的計劃體系拒斥市場經濟，政府應通過主動計劃引入市場體系。只有當綱領性的經濟發展計劃與市場規律發生耦合效應，政府根據市場規律指導經濟，中國才能避免俄國那樣的因一味強調"市場理性"而產生的經濟混亂。

五、新集體主義的理論抱負是什麼？

　　"新左派"有兩大理論抱負：其一，證偽西方模式在中國的可行性；其二，為中國的改革和經濟增長提供本土的理論依託。包括比較優勢論者在內的新古典主義經濟學家們將中國已取得的成績歸功於以西化為導向的改革，並認為，經濟增長能否持續，取決於中國是否能真正建立起自由市場機制、實現私有化。"新左派"則堅持，是毛澤東時代的制度為其後中國經濟的發展打下了基礎。此外，古典主義經濟學家將關注點投注在經濟發展本身，"新左派"則更關心經濟發展對社會公平、政治穩定及民族團結的影響。

　　毛澤東強調平均主義。在他看來，社會公平比經濟效率更為重要。鄧小平的改革則改變了這一邏輯。他提出"讓一部分人和地區先富起來"，以充分調動個人和地方的積極性。他相信，勞動者的主動性才是讓經濟充滿活力的秘方。這項政策無疑以犧牲分配的平均性為代價，它使各地區和各社會群體間的貧富差距日益拉大。"新左派"憂心於此種狀況繼續發展最終會使蘇聯的悲劇在中國重演。他們指出，蘇聯的領導人誤入了"制度拜物主義"的歧途，拋棄共產主義傳統，轉而奉行西方的經濟原則，最終自食惡果。為了避免步蘇聯之後塵，也為了給經濟發展注入新的活力，中國必須重拾毛澤東時代的傳統，妥善運用毛澤東的理論遺產。

“新左派”指出，毛澤東的理論對於中國經濟增長的貢獻在於它的集體主義。這一點在農村發展上尤為明顯。在鄧小平時代，農村經濟增長勢頭強勁，但農村的發展最早可以追溯到毛澤東時期。中國的許多地方尤其是沿海省份，早在毛澤東時期，甚至是“文革”時，就已打下了經濟發展的基礎。即使是到了鄧小平時代，毛澤東的集體主義依然是這些地區經濟的實踐框架。換句話說，鄧小平的改革只是提供了一個政治條件，使得毛澤東的集體主義能夠對農村的經濟增長發生效力。鄧小平的改革並沒有為以私有化為基礎的西方資本主義在中國農村尋得市場。即使改革已推行了十年有餘，私有化依然不是主流。集體而非個人才是經濟活動的主角。“新左派”將這一中國社會所獨有的社會經濟組織方式稱為新集體主義。在他們看來，正是新集體主義促成了農村經濟的高速增長。

“新左派”並不認同簡單否定毛澤東所倡導的意識形態。對許多地區的地方官而言，毛澤東主義依然是他們投身於地方發展、為鄉民謀福利的“精神”指引。尤其在農村，毛澤東主義在縮小農民間的貧富差距、維護社會穩定

上起了重要作用。為了深化農村改革,必須繼承而非摒棄毛澤東的集體主義,並根據實踐的需要對這一遺產做相應的改良和發展。●

　　"新左派"還提出,中國如果想要深化工業改革,發展國有和集體所有制企業,就不應盲隨任何西方模式。制度拜物教(西化)最終使得東歐的社會主義走向破產。中國若要避免這樣的悲劇,就不應該以西方理論來指導自己的改革實踐。私有化、私有產權這些資本主義手段是西方文明這一土壤的產物,不可盲目移植到中國。無論是"矯正價格",還是"矯正所有制",都無法在中國實現經濟的強勁增長和社會的穩定。擁有一套自己的理論來指導自己的發展才是題中要義。在過去,不少領導人在做經濟決策時慣用西方思維,沒有善加繼承毛澤東的理論遺產。但在崔之元看來,毛澤東時期的大民主實踐為現代企業的生產提供了或許不是唯一的,但至少是其中之一的最有效的管理模式。他尤其讚賞"鞍鋼憲法",認為以此為例的毛澤東的生產管理模式堪比西方的後福特主義。

● 根據南街村的案例研究,毛澤東的意識形態和他的集體主義制度在引領該村的經濟增長上發揮了重要作用。見鄧英淘、苗壯、崔之元(1996)。

六、政治民主和經濟民主

　　“新左派”也呼籲中國的政治民主化，但他們提出民主化不等同於西化，西方民主所強調的言論自由、政治參與權和多黨制並不是民主的唯一要義。他們在毛澤東的理論和實踐中發現了重要的民主元素，並認為若能對這些元素善加發展，將使它們在中國的民主化進程中展現出新的生命力。

　　崔之元提出，民主包含整合和議事兩個方面。前者強調民主的形式，指將不同人的既有取向聚集起來，而這一般是通過選舉過程中的投票來完成的；後者強調民主的實質，指將既有取向通過公共討論轉化為政策。在中國，“整合”遠比“議事”受到研究民主的學者的關注。中國議事民主理論的雛形可以追溯到毛澤東時代，它強調非集中化的協調，為 20 世紀 80 年代以後中國經濟的高速發展打下了基礎。這是因為，經濟和政治的非集中化鼓勵地方組織和個人參與到國家發展中來，從而極大地激發了地方積極性。這從如雨後春筍般一批批湧現的鄉鎮企業可見一斑。作為一個突出的例子，經濟的議事民主在“鞍鋼憲法”中得到了充分體現。“鞍鋼憲法”所提供的制度框架，保障工人在生產過程中有權發言。議事民主也調動了地方各級政府的積極性，使它們在經濟發展中扮演重要角色。因此，在"新左派"看來，中國經濟體制的指導思想應是議事民主或經濟民主，而更能促進經濟民主發展的恰恰是毛澤東的理論遺產而非東歐的私有化浪潮。

在政治上，"新左派"提議從毛澤東的理論，特別是他的"大民主"理論之得失中尋找借鑒意義。他們認為，毛澤東所倡導的"大民主"並非政治鬥爭，而是一次"人民群眾創造歷史"的大實踐，意在克服西方主流現代性的內在矛盾（規律 vs. 解放）。毛澤東的"大民主"社會實驗是要使全民參與到政治民主和經濟民主中來，但由於種種原因，"大民主"在實踐中被扭曲了。"新左派"因此呼籲以"經濟民主"和"政治民主"建立起毛澤東所孜孜以求而未得的"開放性制度"。若能實現這一構想，那麼中國就真的以自身的實踐對西方主流現代性進行了重構，建立起中國自己的民主，從而真正"自立於世界民族之林"。

結論

　　“新左派”的理論雖然以反對中國西化為特徵，實則是對國家認同危機的反應。這使得它所體現的新民族主義更為錯綜複雜。“新左派”的反西化運動與中國近現代史上的排外運動有著本質區別。這些排外運動發生在國家危亡的背景下，由政治精英自上而下發起，意在抵禦外虜的武力和思想侵略。“新左派”則正視西潮湧入中國的必然性。他們所指摘的並非中國融入世界這一歷史所趨，而是中國的發展刻意照著西方模式亦步亦趨。

　　為了避免西化成為中國現代化的主導話語，“新左派”致力於構建扎根於本土實踐經驗的中國話語。傳統的排外主義由外強侵略這一外因所引致，“新左派”的理論則是對中國國內的新發展這一內因的反應。隨著中國羽翼漸豐，是時候該在眾聲喧嘩的西方話語中發出中國自己的聲音了。如此，中國的國家認同和對外影響力都可得到加強。

　　大多數人關注改革與發展之間的關係，“新左派”則看到改革與國家認同間的因果聯繫。他們將西化導向的改革視為國家和民族認同衰微的主要原因。隨著改革開放的深化，傳統的馬列主義毛澤東思想對中國新時期的發展漸漸失去解釋力。於是不少人轉而將目光投向自由市場和民主等發源於西方資本主義國家的意識形態，但這顯然不被社會主義國家的執政黨所看好。在中國共產黨的強烈反對下，想用西方意識形態來填補馬列主義毛澤東思想所留下的理論空缺自然困難重重。如何建構能同時被政府和民眾所接受的新的主義？"新左派"認為這一新意識形態必須以反西化和植根於中國的本土經驗為特徵，並旨在加強民族凝聚力和國家認同。

鄧小平曾倡議人民的"思想"大解放，並提出對於能促進經濟發展的手段應不問出處。面對新的改革實踐，"新左派"提議展開新一輪的"思想"大解放。這次解放須強調改革的"中國性"，以避免蘇聯西化後的厄運。現存的西方理論關注自由市場、非政府介入、私有化和自由貿易，無法為充滿活力的中國經濟現狀提供合理解釋。也難以指引中國未來的改革和現代化進程。自由市場經濟可以幫助我們強化對傳統計劃經濟的認識，卻不能有效地指導中國的改革。當實踐無法為理論框架所容納，也正是到了對常規理論提出挑戰並進行革命性的重新思考的時候。為了更貼切地解釋中國改革的成敗，有必要構建立足於中國改革的複雜現實的新的理論。無疑，"新左派"意在從理論入手，對中國改革的實際進程產生影響。

　　“新左派”的關注領域涉及 20 世紀 80 年代以後中國發展進程中所遇到的最主要問題。它的反西化和尋求民族主義的理論路線為其在執政黨尤其是老一輩理論家中尋得市場。而它對改革所產生的分配不均、腐敗、拜金主義等大量負面結果的反思也使其在社會各群體中引起廣泛共鳴。但“新左派”終究難成氣候。二十年的經濟改革造就了新的中產階層，在很大程度上重組了社會結構，也使資本主義對中國經濟發展思路的深刻影響成為不容迴避的既定事實——這些都奠定了自由主義在中國政治和經濟上的主導地位。“新左派”無力與自由主義在當前的理論戰場角逐，也很難爭奪到對中國未來發展走向的定義權。

第四章
文明的衝突？儒家文明 vs. 基督教文明

一、現代中國的民族認同和民族主義

幾個世紀前，法國哲學家讓—雅克·盧梭（Jean-Jacques Rousseau）在建立科西嘉島憲法時，指出了文化主義對於國家存亡的重要意義。他說："我們已盡了最大努力來平整未來國家的基座：現在該在這一基座上勾勒大廈的雛形了。先要找到民族特性來為這一國家大廈定義風格；假使尋而未果，我們也定要創造一個。" 在盧梭看來，一個政治意義上的國家，只有同時是文化和精神的共同體，才能經受住各種考驗，這樣的國家即便暫時落入外族統治，也有希望存活下來。同樣，德國思想家約翰·戈特弗里德·赫德（Johann Gottfried Herder）也指出，文化民族主義的形成是德國崛起為強大的民族國家的先決條件。若無有力的文化支持，德國將無處可往。受到赫德的啟發，以經濟學家弗里德里克·李斯特（Friedrich List）

為代表的民族主義學派，在各民族間"不平等交換"或"非均衡發展"的語境下理解民族主義。他們提出，通過發掘民族的獨有個性來構建和強化民族主義。

那麼該如何塑造文化民族主義呢？這也是幾代中國民族主義者所苦思冥想的問題。早在西學東漸的初始，中國的政治精英和知識分子就意識到，可以以民族差異為平台，來搭建中國的文化民族主義。從更廣義的角度理解，民族差異即是文明差異。中國傳統的文化主義孕育了民族主義，而民族因素對中國現代民族主義的建構起了核心作用。西潮的湧入催生了現代中國民族主義，後者作為對前者的反應，宿命般地肩負起了保全中華文明的使命。

前面提及，孫中山的民族主義強調如何保全和延續中華文明，如何使飽受強虜欺凌的中華民族免遭滅族之災。按照這一思路，建構中國民族主義可以從兩種區分入手，即國家內部的漢族和少數民族之間的區分，以及中華民族作為整體與境外異族的區分。凝聚漢人便可以凝聚中華民族，而要使中華民族自立於世界民族之林，就應將民族主義建立在中華傳統文化和文明的基礎上。

孫中山認為，只有建立起以漢族為中心的民族主義，才能真正實現滿族、蒙古族、回族和藏族間的民族和諧，也才能將所有民族凝聚成中華民族這一整體。滿族統治下的清王朝頻受西人欺凌，也使得中國各民族人心渙散，將其推翻是歷史所向。但孫中山也指出，推翻清廷並不是民族主義的"正向"目標，但只有先將這一"逆向"徹底剷除，才有可能實現拯救中華民族這一"正向"目標。

此外，孫中山也強調中華民族與他族的區別：

人類的分別，第一級是人種，有白色、黑色、紅色、黃色、棕色五種之分。更由種細分，便有許多族。像亞洲的民族，著名的有蒙古族、巫來族、日本族、滿族、漢族。中國人黃色的原因，是由於根源黃色血統而成。祖先是什麼血統，便永遠遺傳成一族的人民，所以血統的力量是很大的（1927）。

孫中山的民族主義成為國民黨的教義，並在發動民眾抵禦列強和統一中國時發揮了重要作用。無疑，共產黨也有效運用了民族主義來實現建立其理想中民族國家的目標。民族主義曾幫助共產黨發動群眾反抗日本侵略者，也為其贏得民心而最終從國民黨手中奪得執政權。在國內民族問題上，新中國成立不久後，實行民族區域自治制度，國家內部各民族的民族主義因此而被弱化。同時，黨又用

"愛國主義"來取代中華民族的民族主義，以此突出民族和國家的同一性，實現國家統一和境內各民族團結。

二、儒家民族主義？

前面提及了兩種區分，即漢族與少數民族的區分及中華文明與其他文明的區分。需要指出的是，新民族主義是在後者的語境下產生的。但這並不意味著中國境內的族群民族主義可以被忽視。

王賡武指出，民族主義雖然可以激發民眾熱情，卻也可能引致一國內部各族群間的相互猜忌、恐懼和敵意。因此，若國家建構不能合理展開，身份認同達不成共識，尤其是當各族還未融合成整體，卻被硬生生地圈囿在國境內，它們勢必努力掙脫這種捆綁（1995：48）。

為執政黨在新時期尋找新的執政基礎是中國知識精英的重要任務。在新民族主義者看來，黨需要新的合法性基礎來鞏固執政權，而這又是國家在激烈的國際競爭中立於不敗之地的前提。由於黨的傳統意識形態式微，尤其是知識界不再唯共產主義馬首是瞻，國家認同危機一觸即發。

在社會層面，人們在經濟大潮中迷失了方向，成為金錢的奴隸。錢袋子的確鼓起來了，信仰卻有些空蕩蕩的。

新民族主義者認為這一信仰缺失使國家裹足不前，通過再造"主義"來填補精神真空已經刻不容緩。康曉光指出，當前最大的問題是精神疲軟。十幾億人口沒有一個主義，大家跟著感覺走，長此以往國將不國。蘇聯如此龐大的一個帝國，幾天之內就分崩離析了，最重要的原因是意識形態衰敗了、沒落了。它的思想、它的價值、它的主義不能再為它的政權賦予號令天下的合法性。根據這種前車之鑒，能否再造主義亦是中國這樣的多民族大國存亡的關鍵。

那麼，究竟該再造何種"主義"？一些人提出它應是民主和自由主義。越來越多的知識分子則堅信它是蘊藉於中國傳統價值觀的民族主義。這是因為，民族主義作為一個民族個體間情感的有力維繫，是最具實效性的意識形態。一個民族輝煌的歷史和文化、祖先的勇氣和智慧可以激發出強烈的民族自信心和凝聚力，為其領袖的政治權威提供合法性。通過訴諸民族主義，政治領袖得以有效地帶領民眾度過各種危境。按蕭功秦的話來講：

唯有民族主義才能對人們產生一種最直接、最自願、訴諸人的親緣本能的感召力。正是在這個意義上，可以說，只要人類還存在著各個不同的民族，相對於其他意識形態的實效性而言，民族主義可以說是一種實效性最為長遠的意識形態。從國家政治層面上來看，民族主義的情感與理念是一種極為珍貴的、"天然"的政治資源。（蕭功秦，1994）

　　該如何創造新的民族主義？毋庸置疑，它不是也不該是對傳統儒學或近現代史上民族主義的簡單回歸。蕭功秦指出，傳統儒學、黨的社會主義傳統、愛國主義、反帝革命傳統、中國的國際環境等因素的糅合及對它們的創造性解讀，為新民族主義的萌生提供了豐厚土壤（蕭功秦，1993）。

　　新民族主義應以儒學為基的觀點受到學者們的認同，但不可犯拿來主義，而應在新的時代背景下對儒家教義進行重新闡釋。現代中國民族主義的幹將梁啟超曾指出，儒學所推行的理念，在諸多方面不相容於現代民族主義，故應對前者先行改造和轉化，方可為後者所用。蕭功秦將中國近代自衛型民族主義分為兩種類型：以儒教衛道派為代表的"儒家原教旨"的民族主義和現代化進程中產生的務實的民族主義。前者具有保守性、非理性和排外性的特徵。面對西方列強的威逼和侵凌，一味要求排外以避害，回歸傳統以保全國家。相反，後者則提出，引進和效仿西方先進制度才是擺脫外來威脅的必由之路，今天的中國需要的是這種務實的民族主義。

在傳統中國，儒學一直是主流文化形式。在當前的現代化語境下，中國能否在經濟高增長和政治穩定間找到平衡，取決於能否對儒學進行傳承和創造性地運用。蕭功秦強調：

由於主流文化是一個民族的政治精英、知識精英與民眾文化認同的基礎，當一個民族的主流文化價值成為這個國家的中心象徵的組成部分時，它就對於這個民族的凝聚力和民族共識的形成，具有重要的意義（蕭功秦，1994）。

在漫漫歷史長河中，中華民族共同應對自然和社會環境的挑戰，儒學正是這一集體經驗的思想結晶，這一屬性使它成為民族的有效黏合劑。

照此理解，中國的民族主義等同於盧梭所說的"民族特性"。事實上，現代中國的改革家嚴復也曾注意到"國性"對國家存亡的重要性。各國國性大相迥異，但都反映了國家的獨有文化和價值觀。民族性絕非一蹴而就，通常需要數千年的積累和沉澱。只要民族性尚存，哪怕被外族所征服，該民族也不會覆亡。嚴復指出，中華民族的民族性將五湖四海的華夏子孫凝聚到一起，形成了今天的中國，這首先要歸功於儒家學說的教化。經歷了數千年的發展演變，儒家經典已成為中國之所以為 "中國" 的文化之源。而它又歷久彌新，在西學東漸和社會大重整的革新時代，儒學依然是穩定民心、將他們凝聚在一起以抵禦洋槍利炮的強大力量。❶

　　蕭功秦看到儒家的制度和文化遺產於新民族主義的意義。他提出，中國的現代化，可以啟用以儒家主流文化為基礎的民族主義，作為社會凝聚與整合的新的資源，這基於兩大原因：首先，儒學已不具有 "抗現代性" 的特質。儒學在近代之所以成為排拒西方近代文明的基本支點，並起到抵制中國現代化變革的消極作用，乃是由於儒學與傳統封建專制政治相結合，從而形成官學化的意識形態。如今，這種制度基礎已經瓦解殆盡。其次，儒學的道德自主性和 "為萬世開太平" 的社會使命感，使其能夠實現現代民族主義的凝聚功能。在人們可以作為權利義務主體而享有多元選擇機會的時代，它有可能成為真正的依託點。

---

❶ 嚴復的民族主義理論詳見 Schwartz（1964）。

　　儒家民族主義植根於當今中國的國內發展情況和所處的國際環境，同時又為這兩者所需。首先，在社會層面，人們的價值觀變得更為實際。現代化和經濟高增長改變著日常生活的方方面面，也使民眾意識到國家利益與個體利益休戚相關，而國家利益正是現代民族主義的核心內容。其次，舊的官方意識形態無法再凝聚人心，它的衣缽需要新的主義來承接以將民眾團結在政權周圍。民族主義恰恰可以勝任這一角色。最後，中國的國際環境日趨惡化。西方將日新月異的中國視為潛在的競爭對手，意欲對其進行圍堵。這必然挑起國人的民族主義情緒。在中國近現代史上，外來勢力最猖獗的時期往往也是民族主義呼聲最高漲的時候，外來威脅使共有同一文化、宗教、習俗和歷史的個體醒悟到——他們的命運被捆綁在一起。

　　此外，歷史記憶也可以激活民族主義。在蕭功秦看來，雖然中國在當今時代並不存在某一具體的、對中國人的生存條件構成直接威脅的外部敵人，但近百年來的歷史遭遇、深重的屈辱與挫折，使中國人有一種積澱於心理深層的情結，一種被人們稱為"強國夢"的情結。

　　啟用儒學作為新民族主義的要義，還需要重新審視它被文化激進派和黨的愛國主義意識形態所詬病的歷史。不少知識分子指出，儒學於民族主義的價值之所以遲遲不被發現和認可，很大程度上在於現代激進主義對文化民族主義具有抵觸性。1919 年，中國的激進派知識精英發起了五四新文化運動，其主旨之一就是 "反孔教"。他們認定儒學是阻礙國家進步的陳腐思想，拒絕以它為核心來定義中國文化。五四傳統影響了中國幾代政治家和知識精英。他們奉行反傳統主義，這一主義運用到中國，就是要堅決抵制儒家主流文化，為實現國家富強掃清積塵腐葉。儒學的歷史性退位意味著能凝聚中華民族的最重要精神資源流失了。

作為革命的力量，中國共產黨的意識形態繼承並推進了反傳統主義理念。毛澤東和黨的其他領導人都認為孔教是典型的 "封建思想"，必須加以剷除。此外，在蘇聯的影響下，民族主義在 20 世紀 50 年代的中國被斥責成資產階級思想，是新興資本家用來反抗封建貴族統治的手段。民族國家也被認作資本主義發展早期的歷史性產物，必然隨著國際主義和壟斷資本主義的到來而消亡。馬克思主義者提出 "工人階級無祖國"。中國共產黨信仰馬列國際主義，在其所介入的國際衝突中，國際主義信仰有時與中國的國家利益相一致，如 20 世紀 50 年代的抗美援朝戰爭和 60 年代的抗美援越戰爭；但有時與中國的國家利益並不完全一致，於是國際主義對民族主義構成了挑戰。

正是在這一背景下，自 20 世紀 50 年代始，中國共產黨啟用愛國主義的意識形態來凝聚民心。民族主義一直被黨視為資本主義的產物，因而被排除在其意識形態之外。愛國主義順理成章地成為官方意識形態的主樑，但新民族主義者質疑愛國主義上位的合理性。它由邊緣文化雜糅而成，缺乏儒家正統價值觀的支撐。蕭功秦指出：

愛國主義作為官方意識形態主要訴諸傳統的邊緣性文化因素作為自己的思想材料。例如，傳統的下層勞動民眾的智慧、反抗外族侵略者的勇敢精神、四大發明和其他一些古代科學技術成就等等（蕭功秦，1994）。

無疑，建立在這些非主流文化因素上的愛國主義"並不能起到作為民族中心象徵的作用"，它作為政治共同體內的社會成員凝聚力的力度是相當有限的。因此，如果要使愛國主義成為團結民心於政權周圍的重要力量，就應為其改頭換面、重建理論基礎。

社會主義意識形態也應成為新民族主義的重要元素。政界和知識界一致認同社會主義是實現中國富強的必經之路。在這一意義上，中國的社會主義其實就是民族主義。此外，新中國成立幾十年來，作為最核心的官方意識形態，社會主義已經深入人民思想和實際生活的角角落落。
從革命到改革，它對平穩承續政治秩序和執政黨的權威有
著不可取代的作用。

　　從具體操作層面來看，社會主義也很容易被整合入新
民族主義。黨正是在社會主義的旗號下，將國家的經濟增
長和社會發展推進到新的高度，它在經濟上的作為已成為
其執政合法性的主要來源。只要發展主義牽頭國家走向，
經濟增長率就一直會是政權合法性的重要依靠。但蕭功秦
不看好發展掛帥主義，認為它：

　　對發展的方向、目標，對社會成員之間的關係以什麼
方式實現整合，對集體與個人之間、國家與社會之間的權
利義務，對稀缺資源的分配，對精神生活與理想的追求，
均無法提供足夠的制約與規定（蕭功秦，1994）。

　　這樣看來，新民族主義就應當以儒學為中心。為了使
儒家思想與現代中國民族主義相容相洽，兩者都須重新闡
釋。儒家民族主義並不是對傳統儒教的簡單回歸，它是兼
容並蓄愛國主義、社會主義、政府政績等其他元素後的產
物。但儒學對所有這些元素的整合作用卻不可或缺，並與
它們共同創建出一種新的、有效的民族主義。

三、文明的衝突？

　　一種盛行於 20 世紀 80 年代的普遍觀點是：傳統使中國裹足不前，對它的落後難辭其咎；西化才是中國走向現代化的唯一出路。到了 90 年代，情況開始發生逆轉。知識界挖掘出傳統文化和文明的新價值，如獲至寶。西方的價值觀和文化則受到了冷遇甚至攻擊。造成這一現象的原因有三：第一，新民族主義是對 80 年代慕洋風氣的反擊，對西方的盲目崇拜使一種身為中國人的自卑感在社會各界蔓延，不少人開始疏離中華文化。一位民族主義者將這種對西方文化的熱望和對本土文化的遺棄稱作"自我憎恨"。

　　第二，改革在 20 世紀 90 年代所取得的碩果也是新民族主義產生的重要原因。東歐政權的倒台宣告當地改革的破產，同時也使中國成為唯一一個既實現了市場經濟體制下的經濟高增長，又能保持政權屹立不倒的社會主義國家。民族自卑感很快轉變為民族自豪感，有不少人將傳統文化視為中國成功的秘訣，對其青睞有加。

　　第三，塞繆爾‧亨廷頓的《文明的衝突》一文也在一定程度上促成了知識界對中華文明自豪感的覺醒。在這篇文章中，亨廷頓提供了一個分析多元文明世界秩序的新框架。此文受到廣泛關注，知識界圍繞著亨廷頓的觀點展開了激烈的論辯，其間彌漫著一股濃濃的民族主義情緒。亨廷頓的文明衝突論使得相當一批知識分子感覺到，自己是文化上的西方的異己者。

具體來看，亨廷頓的文章對中國知識分子的影響至少有三個層面。第一，亨廷頓認為儒家文明正成為西方基督教文明的主要競爭對手之一。這一觀點在不少人看來意味著西方已開始承認儒家文明與西方文明相平等的地位。第二，大批知識分子在“中國威脅論”、“圍堵中國”等反華理論的語境下理解“文明的衝突”，這使得他們將保衛儒家文明視作自己的使命。第三，亨廷頓提出，就民主、人權、自由經濟等的發展而言，西方文明是迄今最主要的推動力。但中國的知識分子看到的卻是一幅全然不同的圖景，西方文明在發展和擴張的過程中常常走向它所標榜的理念的反面；相反，和平與和諧曾是儒家文明圈的重要特徵。這一對比暗含著這樣的結論，即儒家文明優於西方文明。這一中華文明優越論主要基於兩大觀點：（1）西方文明的擴張帶來了國際衝突，（2）儒家文明有助於各國各民族和平相處。以下將對這兩點展開具體論述。

1. 西方文明和國際衝突

《什麼是文明》和《經濟學怎樣挑戰歷史》兩篇文章讓中國社科院的經濟學家盛洪在學術圈名聲大噪。它們分別出現在《戰略與管理》和《東方》上，兩者在當時都是推介新民族主義的重要理論平台。顯然，盛洪希望在理論上有所建樹，他將著力點放在尋求兩種聯繫上：西方文明擴張和國際衝突的聯繫、儒家文明的和諧理念與世界和平的聯繫。

什麼是文明？盛洪提出文明應具有兩個性質：其一，它認為合作比不合作要好；其二，它從多次博弈的結果來計算成本和收益。因此，文明是一種解決人們之間衝突的方式，而衝突的解決會給人們帶來新增的福利。文明的本質就是人與人之間的和諧。由於各文明形成於不同的時空，當兩種不同的文明相遇時，對一文明實體有益的文明規範卻很可能對另一文明實體有害，於是就有了衝突。文明越發達，就會越傾向於通過和平方式來解決衝突。如果認為可以用武力來消滅其他文明規範，這種做法本身已經是不文明的了。

現代西方文明以社會達爾文主義為基礎。社會達爾文主義將弱肉強食的叢林法則從自然界搬到了人類社會，很容易得出"存活下來的，或獲勝的文明是優秀的文明"的結論。這一理論忽視了人與動物的重要區別，即動物沒有人的談判能力，因而不能形成文明。

以這樣的理論為基礎，西方文明的擴張必然導致文明間的衝突。傳統解釋將西方近代以來的勝利視作市場競爭規則的勝利、自由貿易的勝利；而它在軍事上的勝利則是先進文明戰勝了落後文明。但盛洪從近代史解讀出與傳統解釋迥然不同的解釋。他一針見血地指出："西方在近代的興起，與其說是依靠自由貿易，不如說是依靠堅船利炮。" 這從中國近代史上的鴉片戰爭可見一斑。盛洪談到，時至今日，西方主流文化還是將醜惡的鴉片戰爭描繪成 "為自由貿易而戰" 的正義事業。但事實上，鴉片貿易起源於英國在中英貿易中的巨額逆差的背景下，它的直接目的是彌補貿易上的逆差。西方學者對這一事實諱莫如深，因為他們依然秉持西方文明以傳播自由貿易理念為使命的信念。這一信仰傳統延續至今，使得西方在國際事務上依然咄咄逼人。他們努力不懈，誓要將基督教的民主體制和人權理念輸出強加到非基督教的文明社會，又對阿爾及利亞和前南斯拉夫地區的不同種族採取區別對待政策。這些在他國看來飛揚跋扈的對外行為，西方人卻認為名正言順。

即使在其文明內部，以社會達爾文主義為基礎的西方文明，也無法以和平方式解決各國間的矛盾。西方各國的關係本質是競爭而非合作，當競爭趨烈時，向文明外擴張的手段曾在一定時期內起到過平息文明內戰爭的作用，但終究不是長久之計。盛洪指出：

> 歐洲近代以來的向外擴張是減少歐洲國家之間戰爭並使它們採取一致行動的重要因素，從殖民地、半殖民地中獲得的利益又成為緩和各集團利益衝突的重要的物質補充。但殖民地和半殖民地的瓜分完畢、擴張遇到極限，又使得歐洲國家之間的關係再度緊張，最終導致比擴張以前大得多的戰爭（盛洪，1995）。

更糟糕的是，西方文明的社會達爾文主義為其他文明樹立了壞典型。當西方文明的理念漂洋過海，散佈到世界各個角落，國家交往的常態開始越來越多地呈現為戰爭和衝突，和平與和諧在“兵戎相見，勝者為王”的新的國際流行法則下漸行漸遠。東亞的日本是受到西方理念之害的典型例子，它一方面是受害者，另一方面又是施害者，成為亞洲的禍端。由於它在二戰中策動亞洲戰場，亞洲國家不得不將大量人力物力投入戰爭和軍事發展。之後，日本又學著不願意承認鴉片戰爭罪行的英國，對其二戰罪行遮遮掩掩，甚至試圖歪曲歷史，將罪行一筆抹殺。西方現在開始擔憂核武器的威脅，但"尚武"之風的發源地正是西方。

就中國而言，其近代史就是一部西化史。為了實現現代化，中國努力適應西方所制定的遊戲規則。在這一過程中，中國改變了自己，也正改變著世界。

在付出了駭人聽聞的代價之後，中國終於當上了世界第三大核國家。中國人自己能製造核武器的意義是什麼呢？首先，這說明，按照西方人的規則玩遊戲，中國人也有能力玩好；第二，按武器先進者勝這一規則進行的遊戲，發展到了更為危險的地步，因為世界核俱樂部多一名成員，就意味著多一部分資源不是用於和平目的；第三，從中、西方衝突的意義上說，中國作為一個掌握核武器的東方國家，可以在核博弈中與西方國家進行同一層次的互動。但擁有核武器這一事實，對中華文明的發展究竟是助益多還是危害多，目前還很難下定論。

1978 年改革開放以後，中國再次向西方看齊，最明顯的是引入市場經濟體制和推行自由貿易。這兩項政策很快促成了中國的經濟奇跡，各界對這一現象有三種解讀：第一，中國又一次向西方證明，自己完全有能力在西方的遊戲規則下勝出；第二，中國正漸漸成為與西方爭奪資源和市場的最強勁對手，它與其他國家和地區的關係也呈現緊張化趨勢；第三，經濟基礎的日漸牢固必然促進中國軍事實力的增長，世界勢力格局將因此而改變。單從這三點來看，中國似乎已成為國際競爭的贏家，但與其說是中國贏了，不如說是西方文明贏了。所有這些都是中國或主動學習西方，或由西方強加其價值觀和規則後的產物。西方現在又大力鼓吹各種反華理論，中國很快也會向西方學習並學會該如何應對這一挑戰，屆時西方又將自食惡果。國際衝突是西方文明擴張的必然結果，為了解決這些衝突，是時候改變國際社會的遊戲規則了。

2. 儒家文明與世界和平

國家間的衝突為何是西方文明擴張的必然結果？中國的文化民族主義者將矛頭直指西方文明的宗教本質。

盛洪指出，宗教是以組織化和儀式化的形式來實現其道德教化的功能的。一旦形成組織，一旦有具體的儀式，就要有人專業化地從事此活動，就會有一群人的利益與宗教本身相關。再者，宗教之間的關係是競爭關係，因為上帝只能有一個。這一競爭不僅不能受到政府的規範，反而經常借用國家的軍事力量，表現為國與國的戰爭。

既然所有以宗教為基礎的文明都會導致國家之間的衝

突，就需要一個不以宗教為基礎的文明來調和不同的文明規範。儒家文明可以擔當這一角色。盛洪分析了儒家文明的非宗教的倫理本位性：

> 中華文明是通過倫理結構來解決道德教化問題的。這種倫理本位的方法的實質，就是強調兩個人之間的關係。只要任何兩個人之間能夠和睦相處，整個社會就能達到和諧狀態……中華文明的這種性質，使她有可能成為文明之間的緩衝帶和文明融合的媒介（盛洪，1995）。

不同於西方帝國主義的擴張本質，中華文明偏愛和諧，不喜衝突。畢業於美國加州大學伯克利分校的閻學通是中國國際關係學界的著名學者。在他看來，不同於西方，中國傳統文化是反對霸道、尊崇王道的。歷史上，雖然中國曾三度極盛，但從來都不屑於用武力來征服其周邊的“夷狄”。唯一的一次向外擴張發生於元朝，而元朝本身就是少數民族奪取中原政權的產物。儒家思想秉持以德服人的對外安全戰略理念，中國的帝王不認為強制性的暴力有助於帝國影響力的擴張。明朝鄭和下西洋並不是要佔領東南亞，相反，他為所到之國帶去了豐盛的中原特產，以此來傳播中華文明，實現“協和萬邦”的理念。

儒家文明有別於其他文明的一個重要特點是：它不存在救贖主義的宗教，它更看重"現世"而非"彼岸"。"救贖"往往呈現為具有狂熱性、擴張性與易爆性的非理性行為。不帶有救贖包袱的儒家文明崇尚世俗的理性精神。中庸、和平、恕道這些因素構成了中國人的文化心理。

中國的確在近代與西方發生過衝突，但這些衝突是由西方挑起的。中國的民族主義是反應性的，它的強弱也取決於國家在不同歷史時期所受到的外來威脅的嚴重程度。雖然中國的新民族主義受到西式民族主義的影響，但儒家文明的平和精神依然深刻影響著執政者的國際觀。在對外安全戰略上，以核武器戰略為例，中國政府一直主張三項原則：永遠不首先使用核武器，不對無核國家使用，或威脅使用核武器原則。盛洪指出，這其中不能不說充滿了中華文化的內涵：

第一個原則實際上是"一報還一報"的原則；第二個原則則包含了更高的含義，即不用核武器的優勢對無核國家實行核訛詐。也就是說，不對武器水平比自己低的國家或民族使用"武器先進者勝"的規則；第三個原則表達了用和平的方式來解決各文明實體之間糾紛的理想（盛洪，1995）。

這些原則也說明，只要中國秉持儒家理念，就不會成為對他國、對國際社會構成威脅的擴張者。

四、民族主義的轉型？

現代民族主義在中國的興起意味著西方的國際觀戰勝了中國傳統的世界觀。在中華文明的發源地，西方文明爭搶到重要席位。但喜好和平與和諧依然是中華民族的民族性，只要國際環境由敵對轉為友好，西式民族主義在中國就會漸漸退潮。反之，若反華言論甚囂塵上，中國人的民族主義情緒也必然會再度高漲。在新的歷史時期，中國該如何應對並不友善的國際環境？是該以西方民族主義之道還治西方，還是保持反應式的民族主義，再或是問師於儒家傳統？

中國現代民族主義的生成也是中國從文化實體轉變為政治實體的重要標誌。約瑟夫・利文森（Joseph Levenson）指出，現代民族主義於十九世紀、二十世紀之交來到中國，作為新的國家認同，它完全不同於前現代中國的文化民族主義。儒家以天下為其文明教化的場域。這種文明無國界的理念以文化為文明的認同基礎，強調儒家美德的普適性，並認為賢能政府的道德教化可以培養民眾的善行。現代民族主義對認同的理解與儒家思想迥然有別，它將民族國家作為認同單位。中國的文化主義是文化優越感的產物，19 世紀末的西潮衝破了它的自足自給，迫使它轉化成民族主義。

無獨有偶，約瑟夫·惠特尼（Joseph Whitney），塞利格·哈里森（Selig Harrison），伊什沃·歐嘉（Ishwer Ojha）等學者也注意到，隨著西方的民族主義將儒家的國家和天下觀從世紀之交的中國意識形態戰場橫掃出局，中國完成了從文化體向政治體的轉化。對於文化，民族主義僅僅將它看作一種可為國家利益服務的手段；文化主義卻認為真正應該效忠的是文化，而文化又是無國界的。

王賡武則為現代民族主義和儒家文明之間的關係提供了另一種視角，他認為兩者並不矛盾：

對中國人來說，這兩者過去是，將來還可以是互補的 …… 對儒家思想的深刻理解有助於中國民族主義的發展，但儒家價值體系卻具有不依賴民族主義和民族主義政權的自主性。它曾遭到誤解甚至官方的猛烈抨擊，但頑強的生命力使它歷久彌新。此外，成為孔子的門徒也並不只是中國人才能獨享的特權，任何人都可以通過學習儒學典籍掌握其要義。由此看來，儒學有助於民族國家的形成，而它的存續卻又不依託民族主義（Wang Gungwu，1996）。

誠然，引進西式民族主義是順應歷史潮流的，中國也因此而崛起為今天的世界大國。但大國應有新的擔當，中國將推進世界和平視為己任，這項使命的達成須要向儒家傳統尋求靈感。因此，中國新民族主義的目標應是復興儒學。西式民族主義該在中國的土地上偃旗息鼓了。

如果中國想為世界的和平與發展做出新的貢獻，就應重拾天下主義。李慎之指出，中國的傳統世界觀是 "天下主義" 而非 "民族主義"。民族主義效忠於民族和國家，天下主義則以文化為本。因此，民族主義往往意味著狹隘的民族感情，發展到極端就會成為沙文主義，如此，則絕非中國之福。在全球化已經成為大趨勢的現實情況下，中國應該理解並參與到全球化的進程中去。

19 世紀末，民族主義隨著西方的堅船利炮來到中國，並很快將天下主義趕下主流話語舞台。在此之前，中國沒有現代政府、清晰的國界、現代軍隊，也沒有國歌、國旗、國徽，它還不是一個民族國家。天下主義無法為民眾提供清晰的國家認同，也很難將他們動員起來共同抵禦外虜。在這一歷史情境下，是民族主義拯救了國將不國的中國。但也正是西方帝國主義的入侵打破了天下主義的自足性，迫使中國接受民族主義。

中國人在近代以來拋棄了天下主義。隨著中國天下主義文化的消失，整個世界實際上回到了民族主義的均衡狀態，與其相伴相生的戰國原則，即"軍事力量強者勝"的規則也從西方走向了全世界。中國人的民族主義的覺醒和中國的迅速崛起引起了西方國家的不安，由此出現了遏制中國論。如果民族主義繼續在中國鳩佔鵲巢，天下主義遲遲不得復位，那麼西方文明最終將被另一個自己——裝在中國民族主義套子裏的西式民族主義——所打敗。

然而，中國的民族主義仍是包含了天下主義的民族主義。顯然，西方的反華理論使世界和平前景不容樂觀。面對西方的挑釁，中國人必定會訴諸西式民族主義來維護國家利益，而這又將進一步激起西方的恐慌。如此惡性循環，結果只能是人類文明的毀滅。能夠使人類避免這一災難的只能是天下主義文化。那麼，如何從這個民族主義的世界中產生天下主義呢？在盛洪看來，有兩條道路：一條是歐洲的道路，一條是中國的道路。現在歐洲正試圖通過和平的方式來實現歐洲的統一。但歐洲國家的文明極為相似，其實同屬一種文明，因此這種統一沒有提供不同文明之間和平融合的榜樣。中國的道路看起來更為可行。她的文化傳統可能成為再一次從民族主義走向天下主義，或者說復興天下主義的精神源泉。中國的民族主義是到 19 世紀末在列強環伺欺壓下才產生的。但世界和平需要中國放下民族主義的復仇包袱，將它轉化成新天下主義。新天下主義不再是有著華夏和蠻夷之分的文化自大主義，而是一個承認和尊重不同文化有著平等地位的天下主義。

結論

中國的知識分子訴諸文明的衝突來建構新民族主義有多種原因。他們要實現兩大理論目標：建立民族和國家認同、填補民眾的信仰真空。這兩項是中國能否真正崛起為大國、強國的關鍵。那麼，該如何再造"主義"？前面曾提及，在中國，知識分子能真正施展拳腳、進行理論建樹的空間並不大，而呈現在新民族主義者們眼前的理論元素又往往是支離破碎，甚至相互矛盾的。如何用有限的條件實現並不輕鬆的理論目標？他們將關注點鎖定在中西文明的衝突上。

現代化沒有解決國家認同問題。政權的經濟成就無法在根本上扭轉其政治合法性江河日下的事實。同時，經濟發展使個人主義和拜金主義日盛，世道人心分崩離析。若繼續放任情況惡化，國家危機就將為時不遠。為了整合國家、整合人心，理論界或倡議復興儒家傳統，或在中西文明的衝突中尋找突破口。有學者指出，中國當代民族主義有三個現實基礎：一是作為社會生活不可動搖之基石的國體；二是雄厚的綜合國力，它使國家有能力處理內政外交和面對危機；三是儒家道德認同，它所生發出的天下為公的思想，能使個體克服狹隘的利己心態。

不少知識分子意識到，中國的傳統文化無法真正將散沙狀的個體凝聚成牢固的民族實體。這一致命的缺陷使中華文明在西方文明的挑戰下敗下陣來，也促發了中國人現代民族主義意識的覺醒。強調文明之間的衝突正在於凸顯與他者的相異之處，從而強化共同體內的認同。外來威脅能凝聚民心，也為當權者最大程度地利用本國資源實現其政治抱負提供機遇。石中指出，文化比較研究是一種強有力的意識形態動員手段。80 年代中國重新掀起了學習西方、與西方發展經貿關係，甚至用西方文化改造中國文化的熱潮。這是中華文明目前所面臨的挑戰的真正來源。為了重拾對華夏文明的自信心，新民族主義的建立迫在眉睫。

　　這樣看來，新民族主義是對中國現代化進程中所遇到的種種問題的反應。一些西方學者將中國的新民族主義視作反西方主義或排外主義（Barme，1996）。另一些甚至預言它將使中國在國際社會張牙舞爪（Segal，1995b）。這些定論都過於草率，反西化運動的實際影響和結果是多重的。中國的新民族主義者並不是要召回舊式的、以排外為特徵的現代民族主義，他們要建立的是一種新的現代民族主義，一種更為現代化的現代民族主義。

　　不可否認，正是發源於西方的民族主義而非中國的儒家傳統使中國成長為強大的現代民族國家。但為了推行中國傳統的文化主義和天下主義，新民族主義者又必須為中華文明優越論正名，這正是反西化運動的初衷。無奈的是，反西化與國家更富更強的目標相悖。但要實現世界和平與和諧的理想，又不得不訴諸儒家思想，儘管它會使中國在弱肉強食的民族主義世界處於劣勢。這層層相扣的矛盾提出了如何調和與整合儒學與民族主義這一有待解決的難題。

第五章
愛國主義、新民族主義的官方話語

在解讀中國的新民族主義時，學者們通常難以將它的兩種形態——官方的和民間的——區分開來。中國政府現在可以放手讓民族主義為其效力：對內，民族主義被用來加強當政者的執政合法性；對外，民族主義有助於爭取中國的國家利益。這一觀點不僅在西方學者中頗為流行，在有著西方教育背景的中國學者中也相當有市場。

此類觀點隱而不晦地強調：中國的民間民族主義並不是單純的民間民族主義，它在很大程度上由政府所驅動，來為政權的合法性服務；民族主義情緒也必然會影響中國對外政策的制定。愛德華·弗里德曼（Edward Friedman）就曾明確地將民族主義在 20 世紀 80 年代以後的興起歸因於當政者的大國沙文主義情懷。

然而，這一看法沒有考慮到兩個重要的層面。第一，它忽視了或至少低估了民間民族主義與官方民族主義間的矛盾。官方民族主義以愛國主義為重心，這與民間民族主義有很大不同。政府固然可以利用民間的民族主義情緒來鞏固政權，但一旦失控，民族主義情緒就會如洪水猛獸般吞噬國家和社會的穩定。

第二，民族主義對中國外交政策的影響也遠比上述論點複雜。中國政府試圖利用民族主義為國家外交服務，但又面對諸多制約。一國的對外政策或多或少反映了本國民意，但即使是在民意對當局的外交決策有著舉足輕重影響力的民主國家，從民意到實際的對外政策也並不是想象中的直徑。在實行威權統治的中國，政府的外交決策與民間民族主義情緒的聯繫更是相當微弱。當然，這並不意味著政府可以完全無視民意或濫用民眾的民族主義情緒來服務其外交政策。

一、作為官方民族主義的愛國主義

民族是事實上或想象中的共同體，這一共同體被共同的歷史、文化和祖先所維繫。民族主義意在尋求國家這樣一種民族的政治表達。國家對於民族的重要性來源於這樣的事實："民族需要更加強有力的組織形式來捍衛自己，或幫助其拓展宏圖偉業。"在現代社會，民族國家是最為有效的民族組織形式。若一個民族的政治表達受挫，民族主義便會隨之而起（Breuilly，1982；Kellas，1991；Guilbernau，1996）。

傳統中國並未萌生出現代民族主義。相應地，中國也不同於西方的民族國家。傳統中國運行的是帝國政治體系。不同於現代西方的民族國家，帝國有領土而無疆界。中國自恃為處於世界中心的天朝上國，國家的大小取決於歷代統治者權力的強弱。換句話說，中央權力的消長，在很大程度上決定著國家命運的盛衰。再者，現代民族主義將民族國家視為共同體的終極形式，而儒家文化主義則以道德目標和普適性的文明價值觀為認同旨歸。這使得中國即使在轉變成現代民族國家之後，也與西方的民族國家相異，白魯荀（Lucian Pye）稱中國是"一個喬裝成民族國家的文明"。

在"民族國家"和"民族主義"這些西方概念被傳入中國後，中國的有識之士逐步認識到，唯有以現代的民族主義觀將中國轉變成現代的民族國家，方可使它在達爾文主義的競爭世界存活下來。1895年的甲午戰敗是天朝上國所建構的世界秩序土崩瓦解的開端，也正是自此，民族、主權、種族和公民等西方概念開始進入中國人的認知，並悄悄轉變著他們的認同基礎。隨著日漸猖獗的帝國主義勢力進一步蠶食中國，將中華民族置於滅亡的邊緣，除了保全國家，中國的民族主義已無暇他顧，傳統的文化主義因此很快被國家主義替代了。在西方，民族主義體現了人們的民族意識，以及他們寄寓於民族的情感。在中國，民族主義則意味著強烈的國家認同。邁克爾‧亨特（Michael Hunt）就曾強調此民族主義非彼民族主義："或許有比民族主義更恰當的詞來描述中國的情況。"遍尋《辭海》後，中國的知識分子最終找到了愛國主義，他們認為愛國主義最能表達對國家的忠誠和為其效勞的意願，是西方的民族主義概念在中國語境中的最恰當的對應詞。對此，亨特也深表認同，愛國主義確實更恰如其分地描述和解釋了中國人尋找國家認同的特點。從民族主義到愛國主義，這並不是簡單的語言翻譯上的轉換，而是一種政治重構。

　　作為一種政治建構的產物，愛國主義順應著國家在不同歷史時期的不同需求而被一再重構。毛澤東強調："愛國主義的具體內容，看在什麼樣的歷史條件之下來決定。"但無論歷史條件如何變化，強烈的國家認同這一愛國主義的主題不會改變，建構這一主題的邏輯也不會改變。

　　學者們討論了毛澤東如何將馬克思主義本土化，並運用階級和社會主義等馬克思主義的概念來鍛造如何強國的理論基礎。在西方人看來，愛國主義和馬克思主義是相互對立的，但毛澤東並不認為馬克思主義作為國際主義和馬克思主義作為中國民族主義的一種形式之間有任何對立性。"國際主義者的共產黨員，是否可以同時又是一個愛國主義者呢？"毛澤東的回答是："不但是可以的，而且是應該的。"這如何得以可能呢？毛澤東的解釋是：

　　共產黨員是國際主義的馬克思主義者，但是馬克思主義必須和我國的具體特點相結合，並通過一定的民族形式才能實現。……對於中國共產黨說來，就是要學會把馬克思列寧主義的理論應用於中國的具體環境。……把國際主義的內容和民族形式分離起來，是一點都不懂國際主義的人們的做法。

　　20世紀80年代以後的中國領導人，正是依照毛澤東的邏輯建構了愛國主義。隨著中國的對外開放程度日益加深，務實的領導人也樂於引鑒西方發達國家的治理經驗。但在意識形態上，他們並不持同樣的包容態度。他們創造了"社會主義市場經濟"、"具有中國特色的社會主義"和

"具有中國特色的民主"等各種新的術語來強調中國發展道路的獨特性，以區別於西方的概念。這種做法的邏輯與上述毛澤東的邏輯一致。顯然，建構這些新術語的用意是尋找通向國家富強的中國式道路，也反映了建構者的民族主義或愛國主義情懷。

這就是中國領導人堅持使用"愛國主義"這一概念背後的政治邏輯。一方面，當政者樂於用民族主義來填補信仰後所留下的意識形態的真空，為其執政的合法性服務，因此對民間的民族主義呼聲持默許態度。但另一方面，民間民族主義並不必然有助於穩固當權者的執政地位。相反，它甚至可能衝擊執政黨苦心經營而得的現有執政基礎。故此，當政者要建構以愛國主義為主題的官方民族主義的新視野，而不是盲從民間民族主義。

各社會和政治群體的民族主義表達呈現出多樣性。比之於此，多年來愛國主義的主題則相對一致。經濟發展、政治穩定和國家統一三點是中國政府所建構的愛國主義的最主要內容。

經濟建設是實現國家富強的基礎。毛澤東試圖通過一系列政治手段使中國成為強大的民族國家，鄧小平則看到了發展經濟對鞏固毛澤東所建立的政權的重要性。毛澤東的"政治先行"一度使得中國經濟處於低度發展狀態，人民對國家前途產生質疑。眼見著幾代中共領導人為之奮鬥的共產主義事業岌岌可危，以鄧小平為代表的改革派認為，推行經濟現代化已是勢在必行，他們希望以此來重建富國強國的基石，贏得人民對黨和國家的信心。

20 世紀 80 年代初，鄧小平提出黨要做的三件大事是：反對霸權主義、實現國家統一、加緊現代化建設。他強調，三件事的核心是現代化建設，因為：

這是我們解決國際問題、國內問題的最主要的條件。……我們在國際事務中起的作用的大小，要看我們自己經濟建設成就的大小。如果我們國家發展了，更加興旺發達了，我們在國際事務中的作用就會大。……所以，在國際事務中反對霸權主義、台灣回歸祖國、實現祖國統一，歸根到底，都要求我們的經濟建設搞好。

鄧小平的這一經濟現代化和強大的民族國家之間的邏輯，在中國朝野都擁之者眾。20 世紀 80 年代末，保羅·肯尼迪（Paul Kennedy）的《大國的興衰》被翻譯成中文，他所提出的經濟實力決定一國的國際地位的觀點，得到了廣泛認同。與此同時，針對中國經濟改革所遇到的困難，知識界展開了關於中國的 "球籍" 的討論。其中的主要觀點是：無論付出何種代價，經濟改革必須繼續深化，否則中國將無法立足於世界民族之林。

如何使社會主義和經濟現代化相洽，是中國領導人所思考的更重要的問題。他們用"社會主義市場經濟"這樣一個概念來為中國的經濟發展模式定性。對外界觀察家來說，社會主義和市場經濟是兩個對立面。中國在20世紀80年代以後轉向市場經濟，正是因為社會主義的那套行不通。但在中國的愛國主義者眼裏，"社會主義市場經濟"蘊含著國家領導人對走獨特的中國道路的熱情和信心。東歐的經濟轉型引致了社會動亂和經濟停滯，中國則實現了計劃經濟向市場經濟的順利過渡，社會主義市場經濟使中國穩步邁上了富強之路。這一市場經濟的中國模式證明了社會主義的優越性，也顯示了其普適性潛力。

王賡武對"社會主義市場經濟"的理解頗有見地。他指出，中國領導人使用這一術語，並不是不懂現代經濟學而誤用概念。這一概念被創造出來基於諸多考慮，最重要的就是服務於國家的民族主義目標。要使中國重獲世界大國的地位，在全球事務中起到其應有的作用，首先就要想方設法通過多種經濟手段來改善人民的生計。在領導層看來，社會主義在過去幾十年一直指引著中國的發展，而今只有繼續堅持社會主義，才能加強人民對國家的認同以及政權的合法性。

　　政治穩定是中國領導人所建構的愛國主義的第二大要素。經濟現代化為中國在世界民族之林中重獲應有的位置提供經濟基礎，而經濟發展的條件，關鍵是要政局穩定。鄧小平一再強調，實現現代化需要兩個條件：一個是國際上的和平環境，另一個是國內安定團結的政治局面。從這個意義上講，愛國主義意味著不要給政局穩定添亂，使國家能有領導有秩序地進行社會主義建設。他指出，中國人民有自己的民族自尊心和自豪感，以熱愛祖國、貢獻全部力量建設社會主義祖國為最大光榮，以損害社會主義祖國利益、尊嚴和榮譽為最大恥辱。愛國主義在此被視為是愛社會主義中國。鄧小平強調，中華人民共和國成立後，中國的形象改變了。中國今天的形象，不是之前任何一個政權創造出來的。

　　政治穩定包含兩個層面的意思。首先，中國歷經了長達一個世紀的動亂和革命，現有的穩定政局來之不易。愛國主義要求人們認同現有的國家並尊重它。為了使國家變得更加強大，政治改革必不可免，但政治改革並不意味著引進西式民主。許多民間民族主義人士堅持民主化是中國的出路，當權者則試圖證明民主制並不是實現經濟高速增長、維持社會穩定和人民安居樂業的必要條件。江澤民也一直強調，"在當代中國，愛國主義與社會主義本質上是統一的"，"愛國主義與人民民主即社會主義民主，本質上也是統一的"。

政治穩定的第二個層面是壓制"狹隘的民族主義"。民族主義通常生發於居住在同一片土地，有著共同的歷史和文化的人群中。它假定每個民族都有權力來建立自己的國家。若依循這一假定，民族主義對中央政權構成了潛在威脅。中國是一個多民族的國家，如果各個民族都要求建立自己的國家，那麼蘇聯的悲劇就將在中國重演。民族主義建立在共有文化和民族性的基礎上，愛國主義則不需要這些，它囊括所有合法公民，不問他們的國家認同和文化出處。因此，愛國主義意在降低民族性和文化對於認同的重要性，培養國民對現有政權的忠誠感。

在這一意義上，愛國主義類似於本尼迪克特‧安德森（Benedict Anderson）所稱的"官方民族主義"。安德森提到，因為害怕民族分裂主義使國家瓦解，十九世紀歐洲的諸王朝國家紛紛建構出國家民族主義，對整個國家施加一種特定的民族文化，並使之成為社會經濟和政治發展的必要條件。

愛國主義的第三大要素是國家統一。在這一點上，愛國主義超越了國家主義的狹隘定義。在建構愛國主義時，中國的領導人陷入了兩難境地。一方面，他們必須淡化國內各民族的民族性和每一民族文化的獨特性，從而使各民族緊緊圍繞在現有政權的周圍，防止民族分裂主義對多民族統一國家的威脅。另一方面，達成統一大業又要求政權重文化認同而輕國家認同。基於各種歷史原因，長久以來，台灣、香港和澳門與中國大陸實行不同的經濟、政治制度。20 世紀 80 年代初，鄧小平聲明國家統一是始終擺在議事日程上面的一個重大問題。但是，鄧小平也意識到跨越制度差異的困難性。因此，他提出"一國兩制"的方針來解決國家統一問題。在這一方針下，港澳台地區的愛國主義有別於中國內地，被賦予了特殊含義。在闡釋"一國兩制"時，鄧小平言稱：

> 愛國者的標準是，尊重自己民族，誠心誠意擁護祖國恢復行使對香港的主權，不損害香港的繁榮和穩定。只要具備這些條件，不管他們相信資本主義，還是相信封建主義，甚至相信奴隸主義，都是愛國者。

鄧小平在此處強調的愛國者所愛對象不是現有政權，而是民族和國家。繼承這一理念，江澤民也提出，愛國主義就是要促進國家統一。他強調："我們並不要求所有擁護祖國統一的愛國者都贊同大陸實行的社會主義制度，只要他們贊同'一國兩制'，我們就要同他們加強團結。"事實上，這一主旨貫穿於改革時代的始終。

　　以上討論顯示了官方民族主義或愛國主義如何有別於民間民族主義。民間民族主義和愛國主義的目的都是要建立一個富強的中國。但這並不意味著它們兩者是一致且無衝突的。民間民族主義將民主化視為中國的出路，而倡議愛國主義的當權者則認為經濟發展和政治穩定才是國家的重中之重。此外，愛國主義要求國土內的所有公民認同現有的政權，但族群民族主義者則要建立基於本民族文化的獨立政權。

　　民間民族主義與官方民族主義在諸多方面相異的事實，要求國家對民間民族主義加以適當的控制。不少學者認為民間民族主義可以為當權者所用，為現有政權提供一種合法性基礎。但民族主義也可能成為危險的潘多拉魔盒，一旦失控，就會釋放出巨大能量，造成諸如大眾政治參與和國家分裂那樣的與當政者的國家構建目標相悖的結果。因此，當通過加強民族自豪感和利用民族主義情緒來鞏固政權時，當權者慎之再慎。除此之外，民族主義對政權有著更為複雜的影響，它的利弊兼雜要求國家對其加以制約。在接下來的部分，筆者會用中國政府發起的抵制

"反華"理論的運動來說明，為什麼當政者不願借用民間民族主義的力量來處理此類敏感問題。

二、中國人如何感受到威脅

反華理論在西方的興起，使中國各界擔憂以美國為首的西方會像遏制蘇聯那樣來遏制中國。20 世紀 80 年代，中國領導人相信和平與發展是國際政治的兩大趨勢，"反華"理論的出現打破了這種信心。中國官學兩界發現國際環境正在惡化，而國際上的敵意在很大程度上正是由中國高速的現代化所引致。冷戰格局的解體對於世界的和平與穩定不見得是利好消息。隨著美國霸權的衰落和世界走向多極化，之前的以美蘇兩大國為權力中心的兩極格局的制衡作用消失，世界重新進入無序狀態。各國都力圖擴張本國的國家利益，民族國家重新陷入彼此對抗的狀態中。這正是中國所面臨的國際環境。

中國社會科學院的學者劉靖華預言，到了 21 世紀二三十年代，隨著中國崛起成為歷史事實，來自美歐兩方面的針對中國的"軟遏制"局面將最終形成。所謂"軟遏制"，是指中國的發展和生存空間遭到來自美歐兩方面的以資本、市場、高科技、西方價值觀外加軍事力量為手段的遏制和圍堵。

劉靖華還指出，中國與美歐的衝突在所難免。美國總統克林頓所主張的接觸政策不會成為美國與中國交往的長期策略。接觸政策有兩個目標：一是利用強大的資本和高科技，在中國市場經濟尚未秩序化之前佔據中國市場，獲取巨額利潤；二是用西方的民主價值觀影響中國。中國社科院美國研究所前所長王緝思認為，克林頓的接觸政策立足於本國的戰略目標。在許多地區和全球事務中，美國需要中國的合作。此外，美國也可以通過接觸政策，從經濟、政治、文化各個方面向中國滲透美國的價值觀和理念，從而影響中國的內外政策。王緝思還強調，美國希望中國接受西方主導制定的國際規範。

在不少人看來，即使是接觸政策框架下的中美間的有限合作也將很快難以為繼。隨著中國綜合國力的迅速增強，邊際效益遞減規律將隨之發生作用，這會使美國和西方其他發達國家在中國市場上獲取的利潤額大大減小。相反，中國利用西方市場的能力大大增強，這令美國決策者重新考慮對華政策。正是在這一背景下，西方出現了各式各樣的"反華"理論。

　　王緝思預言，中美兩國利益的衝突將驅使美國對中國實行遏制政策。兩國的利益衝突表現在幾個方面：首先，美國是一個民主國家，中國卻依然實行"集權"統治。美國人普遍認為民主國家之間無戰爭，"集權國家"是引發戰爭的邪惡之源。因此，在意識形態上，美國將依然是反共產主義的橋頭堡，遏制社會主義中國的崛起。第二，中國的崛起將與西方主導的現有國際秩序發生衝突，這是不可避免的。第三，中國將大量的廉價商品傾銷到美國，卻對美國產品進入中國市場嚴加管控。第四，隨著冷戰的結束，宗教和文明取代意識形態，成為國際衝突新的根源。儒家文明在中國崛起的背景下成為挑戰西方基督教文明的潛在對手。第五，中國日益增長的軍事實力令周邊國家惶恐不安，在不少亞洲國家看來，美國是確保區域安全的重要力量。

　　除了不同的國家利益，中美衝突還源於中西的文化和種族差異。南京大學的時殷弘教授是中國著名的國際問題研究專家，他指出：

　　美國對中國的敵意不僅源自於意識形態、地緣政治和經濟等因素，還植根於種族和文化上的差異。西方國家從未真正對非西方國家一視同仁……他們往往根據對方的種族和文化屬性以及國家實力來論敵友，這種心理的形成與西方長達幾個世紀的優越地位有關。

美國曾以曠日持久的冷戰遏制蘇聯，現在又將北大西洋公約組織東擴來制約俄羅斯。除此，種族和文化上的差異也在一定程度上解釋了本世紀初西方和日本之間的衝突。不難理解，中國經濟的高速發展加深了美國對中國的敵意。美國媒體對中國日新月異的發展視而不見，反而熱衷於報道甚至故意誇大、曲解和捏造中國所遇到的問題。他們對中國內外政策的闡釋荒謬古怪。正如塞繆爾・亨廷頓在《文明的衝突》中所言，"西方和非西方"已經成為許多西方國家的主導思維模式，這一劃界讓西方國家站在一起對抗彼岸的非西方世界。

儘管中美之間的冷戰勢在必發，克林頓政府還是提出了接觸戰略。很難說接觸與遏制是否換湯不換藥，但顯然，接觸的一大目標就是防範、制約和遏制中國。

以美國為首的西方是如何遏制中國的呢？根據中國政府的分析，美國的遏制政策包含如下幾個方面：

第一，美國在亞洲的軍事基地亦是其圍堵中國的亞洲大本營。亞洲國家的一系列反美運動和反美情緒，並不能挫敗美國繼續在亞洲施加影響力的決心，駐紮在亞洲的十萬美軍正是為了抗衡中國的區域影響力。以此為代表的美方行為清楚地表明，阻止中國稱霸是美國的根本戰略利益所在。美國對與中國相關的軍售、軍事現代化等一系列事務表現出濃厚興趣，於美國而言，接觸就意味著盡一切可能手段牽制中國，以推進美國國家利益的實現。

第二，美國力圖加強美日聯盟。一直以來，日本都是中國強勁的區域競爭對手和潛在的安全威脅。隨著經濟實力的上升，日本開始尋求區域政治影響力。它努力發展高端戰力投射能力，其所擁有的尖端技術讓日本有能力在短期內發展核武器、導彈和軍用飛機。在許多中國分析家看來，美國對日本軍事實力增長的貢獻不容小覷。1995年，日本和美國簽署了《日美安保聯合宣言》，兩國的安保合作將進一步推動日本的軍事擴張，而這無疑是要制約中國的崛起。日美安保體制"似有日美攜手，主宰亞太的味道"。

第三，除了日本，美國與中國的其他鄰邦也建立了各種軍事聯盟與合作。例如，1996年，美國與澳大利亞建立了密切的軍事關係。但是，澳大利亞政府卻宣稱澳美同盟並不意在圍堵中國（*The Economist*）。雖然澳大利亞顯示了對中國的友好，卻有不少亞洲國家與中國存在著實際的或潛在的衝突，美國致力於正常化或加強與這些國家的關係。在這些國家中，美國將越南視為圍堵中國的重要力量，在過去幾年中積極增進與越南的關係。蒙古也是美國用來圍堵中國的重要目標國。1994 年，美國將蒙古納入它的亞太安保體系中。1995 年，美國又重申要加強與蒙古的軍事合作。

第四，美國也試圖介入南海事務。為了加強其在東南亞的影響，在中國與馬來西亞和菲律賓的就南沙群島的領土爭端中，美國站在馬來西亞和菲律賓一方。美國一方面聲稱在島嶼主權究竟歸何國所有的問題上，其立場是中立的，另一方面卻又表明了願意站在東盟國家一方的態度。

第五，更重要的是，為了保有台灣這艘"永不沉沒的航空母艦"，美國反對台海兩岸的統一。美國堅決反對中國用武力來解決台灣問題。顯然，台灣"獨立"符合美國的利益。美國一直以來並將繼續為台灣提供先進武器，並試圖將美台關係推進到官方層面。1992 年夏，布什政府通過了對台發售 150 F-16 戰鬥機的提案。數月後，美國貿易代表卡拉·安德森·希爾斯（Carla Anderson Hills）被派往台北。這是自 1978 年台美終止外交關係後，美國現任內閣成員首次訪問台灣。1995 年春末，克林頓政府為台灣領導人李登輝發放赴美簽證。此外，美國國會還通過了《與台灣關係法》來"取代"1982 年秋發佈的關於對台軍售的公報。這些做法違背了美國之前對中國的承諾。美台關係的升級顯示了美國默認甚至推進台灣“獨立”的態度。

第六，除了打“台灣牌”，美國也大打“西藏牌”。儘管美國政府並未正面挑戰中國對西藏的主權，卻想方設法利用西藏問題來阻撓中國的崛起。美政府多次公開表示支持流亡境外的達賴集團，高層領導人也表達了樂於會見達賴喇嘛的意願。此外，美國國會還發佈了所謂的“西藏是被佔領的主權國家”的聲明，時不時地批評中國對西藏的“強佔”，並提出美國總統應向西藏派送特使。

第七，美國還利用人權問題來煽動中國分裂。儘管中國已努力改善其人權現狀，美國還是一再譴責中國政府侵害人權。美國國會也就中國的人權問題通過了幾項法案：在設計面向中國的廣播節目時，自由亞洲電台應參照中國在海外的異見分子所提供的“專家意見”；為與境外異見運動有所關聯的私人組織提供資助，幫助和鼓勵他們向中國傳播“自由之聲”；美國國會還要求總統提供他在決定延長中國的最惠國待遇時所提出的推進中國人權的舉措已在多大程度上生效的特別報告。

總之，美國政府聲言要與中國“全面接觸”。“接觸政策”的實質是：美國政府希望它的政治、經濟、文化、思想影響向中國社會的縱深滲透能將中國"拉入"它所倡導的那套國際規範中，以便用它所制定的競爭規則來約束中國。可以說，美國增加同中國接觸的目的是制約中國的國內外行為，迫使其按美國的利益行事。在中國國內，美國以接觸來推行"人權戰略"。它打著人權的旗號，支持中國境內和境外的異見分子來反對中國政府。在國際上，美藉口"國際準則"，在經貿、軍事、知識產權、環境保護、軍售等諸多領域阻撓中國崛起。

儘管"反華"理論停留在話語層面，但是中國各界都相信，美國已在實際上展開了圍堵中國的行動。在政府層面，中國領導人並不主張對美政策過於溫和。尤其是在1996年的台海危機期間，美國以介入和干涉兩岸事務相要挾，以遏制中國動武的做法，引起中國官方的強烈不滿。

在社會層面，中國的新民族主義者呼籲用民族主義來迎戰西方的對華政策。民間民族主義情緒的高漲在各項問卷調查中都得到了反映和印證。根據《中國青年》所發佈的另一項在1995年9月開展的全國調查的結果，在接受調查的樣本中，有57%的中國人表示他們最不喜歡美國，而支持美國是對中國最不友好的國家這一選項的則高達87%。這也從一個側面說明了，《中國可以說不》和《妖魔化中國的背後》一類的民族主義書籍能夠得到中國政府的允准而出版是大勢所趨。

然而，中國政府對民族主義情緒保持警惕。他們意識到西方的"反華"理論加劇了中國民眾的民族主義情緒，也很清楚這一情緒一旦失控，將對中國國內的穩定造成危害。更糟糕的是，中國的民族主義情緒還有可能反過來被西方所利用，成為阻礙中國發展的絆腳石。因此，必須由官方出面來發起抵制"反華"理論的運動，清除這一影響國家發展戰略順暢實施的不良因素。抵制西方的反華理論和控制國內的民族主義情緒如何雙管齊下？對於中國新的領導集體來說，這是一項艱巨的任務，它要實現三個目標：首先，中國政府必須讓國際社會信服，高速發展的中國將成為世界和平與穩定的促進力量而不是威脅。"反華"理論居心叵測，意在遏制中國的現代化。其次，中國國內的民族主義情緒必須降溫。一旦失控，它將危害中國的開放政策和國家發展。第三，民族主義應被用來鞏固新的領導集體的政治合法性。在過去一段時間，經濟增長於執政者而言一直是把雙刃劍，它一方面成為當政者執政合法性的最主要來源，另一方面卻也帶來了不少問題。執政者發現，若謹慎處理民族主義，它可以被轉化成為加強執政合法性的有力武器，這正是中國政府對民族主義欲拒還迎的原因。

民族主義可以促使中國民眾意識到國家正遭受外部威

脅，從而獲得他們對政府的帶有 "民族主義" 色彩的外交政策的支持。但民族主義也可能激發國民的民主參與意識。中國的領導人很清楚，和平的國際環境對中國經濟的持續發展至關重要，因此民族主義的對外政策不一定有益於中國的國家利益。踏踏實實地致力於國內發展才是成為真正的世界大國的正道。對外開放和向先進的資本主義國家學習，依然是中國趕超這些國家的最重要途徑。在政策制定時過於強調民族主義只會損害中國自己。因此，促進友好的國際環境是中國在改革時代最重要國家戰略之一。

三、軍民聯合和官方運動

到了 20 世紀 80 年代以後，削弱軍管並恢復政府對軍隊的控制是鄧小平的主要改革目標之一。單從制度的角度來看，鄧小平的軍隊改革成效卓著。在他逝世之時，一大批高級將領退休，軍區數量減少，地方軍隊系統走馬換將，中共中央政治局的軍方代表也被裁減。

然而，軍隊對中國現代化的影響力卻更為顯著了。新一代的年輕軍官受過良好的教育，軍隊對外部世界的變化和發展也越來越敏銳，他們了解國家的經濟現代化，也強烈地要求實現軍隊現代化。在海灣戰爭中，軍方和國家領導人見識到高科技戰爭的複雜性，深為歎服，同時也自慚於人民解放軍與先進國家軍隊的差距。因此，當政府由於懼怕社會和政治的穩定性將遭到破壞，而對現代化日趨保守時，軍方卻一直對中國的現代化持大力支持的態度，並提出人民解放軍應為改革保駕護航。

自 1989 年出任中共中央總書記和中央軍事委員會主席以來，江澤民積極增進與軍方的關係以加強他對軍務的影響力。一方面，他一再強調加強黨控制軍隊的重要性。另一方面，為了贏得軍方的政治支持，江澤民把軍事現代化提上重要議事日程，這從中國日益增長的軍費預算中可見一斑。

為了優先發展經濟，國家領導人須贏得軍方的支持，但同時也要限制軍人干政。在中美關係惡化以及 1996 年台海危機等的背景下，中國軍方的民族主義情緒高漲，他們指責政府的對外政策過於溫和。在江澤民的折中政策下，官方的抵制西方 "反華" 言論的運動一直處於不瘟不火的狀態。江澤民和他的同僚們表達了他們的民族主義情緒，也提請軍方警惕來自美國的潛在威脅，但江澤民也承認以美國為首的西方對中國未來發展的重要性。軍隊最終

在抵制 "反華" 理論的運動中挑起大樑，並不是因為他們的民族主義情緒比其他群體更為強烈，而是出於如下兩方面的原因。

最重要的原因是為了維護社會和政治穩定。民族主義無疑是一把雙刃劍。社會和政治的穩定會因民族主義的失控而受到威脅。20 世紀 50 年代初，毛澤東發起了幾輪民族主義運動以應對西方的圍堵政策。到了江澤民執政時期，新的中央領導集體已認識到，發動民間民族主義來應戰西方 "反華" 理論的策略並不可行。相反，民間的民族主義情緒必須得到有效控制，更不能任由其對中國對外決策進行施壓。然而，要穩住中國民眾的民族主義情緒、維護國內的穩定局面，政府又必須以一種民族主義的姿態反擊西方 "反華" 論調。為了兼顧這兩點考慮，政府決定由軍方牽頭來發起民族主義運動，但將其停留在言語層面而不再發展成實際的政治運動。江澤民和他的特別是軍人出身的同僚們在多個場合表達了對西方 "反華" 理論的不滿，但與民間洶湧的民族主義情緒不同，務實的領導人在聲討西方時張弛有度。

第二個也是最為實際的原因，西方之所以炮製 "反華" 理論，在很大程度上正是源於他們對中國的軍事現代化將對世界穩定和區域安全構成威脅的擔憂。

四、中國官方對反華理論的話語反攻

不少中國領導人相信，儘管美國政府提出了接觸政策，但是圍堵才是其真正的對華戰略，接觸只是圍堵的一部分。接觸政策意在打開和滲透中國市場，以影響中國的長遠發展，圍堵政策則是要用盡一切可能手段，遏制住中國將對美國構成的威脅。江澤民主席在講話中談到，西方的反華和反共產主義勢力不會輕易放棄"西化"和"分化"中國的企圖。他們將中國視為潛在的敵人，不希望看到中國成長為他們強勁的競爭對手，因此利用台灣問題、西藏問題和人權問題等牽制中國的發展（江澤民，1995）。

那麼該如何應對這些反華勢力呢？江澤民訴諸愛國主義。中國政府一再強調要用愛國主義來抵制西方的"和平演變"。早前，江澤民曾提出，愛國主義主要表現為獻身於建設和保衛社會主義現代化的事業，獻身於促進祖國統一的事業。在他看來，愛國主義可以成為對抗"和平演變"的有力武器（江澤民，1991）。中宣部曾發起一場反對西方和平演變的運動，揭露以美國為首的資產階級敵對勢力妄圖顛覆社會主義中國的邪惡嘴臉。1991 年 10 月，時任國家主席楊尚昆在紀念辛亥革命 80 週年的大會上發言時強調，愛國主義不僅在社會主義建設中發揮著重要作用，也能有效地抵制外來壓力。1994 年 9 月，中宣部發佈了一份名為《愛國主義教育實施綱要》的重要文件。同時，黨中央還出版了一本主要領導人關於愛國主義的演講集（《人民日報》，1994a；劉雲山，1994）。

面對西方的"反華"壓力，江澤民一再號召黨和國家的領導幹部及人民群眾以"政治手段"來抵制西方的政治壓力。他指出："西方敵對勢力要'西化'、'分化'我們，要把他們那套'民主'、'自由'強加給我們，李登輝要搞'台獨'，我們不講政治行嗎？"（江澤民，1996：1）江澤民意識到，只有在中國國內進行愛國主義的政治動員，才能抵制住外來的政治壓力。此外，愛國主義也可以增強人民對國家處理外務的信心。

但是，中國領導人也很清楚，愛國主義也可能使民族主義情緒過度氾濫，給國家的對外政策和改革政策帶來不利影響。因此，江澤民強調，愛國主義並不意味著中國將改變優先國內發展的大政方針。相反，為了反攻西方的圍堵戰略，中國恰恰要堅持走符合自己國情的強國之路，日子越過越好。"反華"言論的一個主要目的，就是要迫使中國脫離開既有的發展軌道。

遵照這一思路，中國官方對"反華"理論的反攻話語在表達民族主義情感的同時又不失理性，避免領導人的過激言辭激發起群眾更大的情緒波瀾，以致一發而不可收拾。

中國官方的反攻話語主要有三種。第一種從中華文化尋找依據，證明中國自古就沒有黷武的傳統。西方有不少人將今日的中國與昔日的德日同等看待，中國官方則強調中華文化在本質上是追求和平的。有人指出俾斯麥之後的德意志帝國由普魯士軍官們統治，對這些軍官來說，戰爭是國家的一項主要功能。但中國沒有這樣的軍官階層，也沒有黷武的傳統。中國領導人常常引用孔子的箴言"己所不欲，勿施於人"來說明中華民族自古就是愛好和平的民族，中國不會威脅和侵犯他國。中國國際戰略學會會長、人民解放軍原副總參謀長徐信談道：

只要對中國歷史有所了解的人就會明白，中華民族是一個愛好和平的民族，中國是一個愛好和平的國家。……早在兩千多年前，孔子就提出"和為貴"的思想。漢代以後孔子的思想學說成為中國的官方哲學，……睦鄰友好深深沉澱在中國人的社會心理中（方知，1996）。

儘管帝國時代的中國曾試圖在亞洲建立霸權，但這顯然不同於以獲取政治和經濟利益為目的的現代霸權。中國的朝貢體系以傳播中華文化為旨歸。若按照這一觀點，中國在歷史上是一個慈善的大國，在國家最為強盛的時候，也無意於侵犯周邊的 "蠻夷"；反倒是這些 "蠻夷"，時時覬覦中原的沃土。在中國人民解放軍國防大學校長邢世忠看來，和平主義也是今天中國國際行為的指導思想。

這就形成了兩派觀點。一派以江憶恩等西方學者為代表。江憶恩認為，與其他國家相比，中國更有可能訴諸武力來解決領土爭端。中國人則持另一種觀點，他們堅信中華民族愛好和平，類似於 20 世紀 70 年代對越南所採取的行動也是以維護和平為原則。

邢世忠對後一種觀點作出了解釋：

中國不謀求霸權的政策取向同中華民族的歷史傳統和歷史遭遇有著深刻的聯繫。……在近代歷史上，中國備受帝國主義、殖民主義的侵略和欺凌。這段痛苦的經歷，不僅使中國人民倍感獨立、平等和自由的可貴，而且憎恨任何形式的侵略擴張。這一歷史傳統和民族心理，深深地影響著社會主義新中國的國防目標和戰略方針（邢世忠，1996）。

第二種官方反攻話語強調，中國經濟的發展不會導致其在軍事上的擴張。西方的一種主流觀點在中國的經濟發展和軍事擴張之間建立起正向聯繫。中國人不認同這一觀點,在他們看來,中國戰略思想的和平主義傳統決定了中國不可能率先攻擊他國。鄧小平一再強調:"我們的戰略始終是防禦,……就是將來現代化了,也還是戰略防禦。"邢世忠也指出,認為"中國經濟發展了,就會大力發展軍事力量",這如果不是一種偏見,至少也是一種冷戰思維。且不說中國真正躋身於發達國家之列還是相當長遠的事,單看現狀,在工業、農業、國防和科技四個現代化中,軍事現代化最不被強調。

在邢世忠看來,冷戰結束後,國際關係中經濟因素的作用明顯增強,以經濟和科技為核心的綜合國力競賽表現得十分激烈。各個國家在 21 世紀的地位和前途,很大程度上取決於這場競賽的結果。在這種巨大的競爭壓力下,中國清醒地認識到所面臨的機遇和挑戰,集中力量進行經濟建設,而不會去發展超出防衛需要的軍事力量。也正是在這一背景下,國家對軍工企業實行了大規模的軍轉民改造。

中國的國防建設服從國家經濟建設大局。中國的近現代史告訴當政者,軍事實力仰賴於經濟基礎。因此,為了優先發展經濟,中國的國防費用在世界範圍來看是很低的。近年來,中國的國防經費從絕對數字上看確實如西方所言有所增加，但若把物價漲幅算進去，實際的軍費水平在逐年下降，甚至難以滿足軍隊的日常開支。此外，中國在軍售上也非常慎重。徐信指出，中國在軍售問題上一直堅持三個基本原則：購買國以防禦為目的、不打破地區平衡、不干涉別國內政。中國堅持這些原則是因為它們符合中國的國家利益。

在西方反華聲浪此起彼伏的背景下，中國的新民族主義在 20 世紀 90 年代興起，因此，它是反應性的。事實上，中國的民族主義在歷史上一直都是反應性的，應外部威脅而起。軍方分析家指出，中國防禦性的國防政策和軍事戰略決定了中國不會參加任何軍事集團，不會在外國駐紮軍隊或建立軍事基地，更不會發動戰爭去侵略別的國家。那種經濟發展引發民族主義的推論，是西方帝國主義的邏輯。從 1840 年中英鴉片戰爭打響到 1945 年中日戰爭結束，中國一直是帝國主義的侵略對象和受害者，無數中國人在反帝鬥爭中失去了生命。現在，中國人民終於可以集中力量搞經濟建設，西方卻集結起新的反華勢力進行破壞。西方的做法激起了中國民眾的民族主義情緒，因此，該對中國新一輪民族主義浪潮負責的正是西方。

第三種反攻話語認為，中國日漸融入世界體系這一事實讓 "中國威脅論" 不攻自破。中國政府充分認識到，融入世界經濟符合中國的國家利益。《中國國防報》的一篇評論指出，中國經濟發展了，不會對別國構成威脅，而是對人類和平與進步事業的重大貢獻。因為中國經濟的發展不是孤立的，它與國際經濟互補且相互促進。中國不僅從世界和地區經濟的發展中受益，也在不同程度上帶動了世界及地區經濟的發展。隨著經濟的快速發展，中國迫切要求加入多邊經濟體，與他國進行經濟合作。中國的發展只會促進各國共同繁榮，而不會對他國構成威脅。

那麼，以美國為首的西方為何要"炮製"反華理論呢？據中國政府和軍方看來，通過捏造"中國威脅論"，西方意在達到如下三個目的：第一，散佈"中國威脅論"是為遏制社會主義中國的發展造勢。冷戰結束後，兩局格局解體，儘管蘇聯社會主義陣營瓦解，但社會主義的中國依然存在，成為西方一些人和其政治勢力的心腹之患。他們散佈"中國威脅論"，從本質上講就是為遏制中國製造輿論。徐信指出，如果按照"中國威脅論"製造者的邏輯，誰富起來誰就會威脅別國的安全，那麼，他們所在的國家早已是世界安全的巨大威脅。似乎中國只有永遠戴著貧窮落後的帽子，天下才能永久太平。顯然，"威脅論"只是他們的一種藉口，其實質是要剝奪中國的發展權。邢世忠也認為，歸根結底，"中國威脅論"炮製者的真實意圖，就是不願看到一個自立自強、繁榮昌盛的中國。他們既有意識形態上的偏見，又有擔心自己在新的世界格局中失去霸權的恐懼。

第二，通過製造緊張氣氛來為美國在亞太地區謀求霸權尋找依據。冷戰時期，美國以蘇聯為對手，攀上了世界政治的巔峰，僅在亞太地區就駐紮了十多萬軍隊。冷戰後，他們又製造"中國威脅論"，其目的也只是為他們在這一地區維持軍事存在、銷售軍火、干涉別國內政、推行霸權主義和強權政治製造理由。

第三，美國利用"中國威脅論"來挑撥中國與周邊國家和其他亞太國家的關係，從而達到牽制中國、坐收漁翁之利的目的。"中國威脅論"作為冷戰思維的延續，正在毒化國際氣氛。

邢世忠談到，所謂"崛起大國即等於威脅"的推論，是帝國主義爭奪勢力範圍的邏輯。西方把這種推論強加到中國頭上，但事實上真正的不穩定因素恰好來自西方的一些大國。美國在世界各地繼續保持軍事基地和軍事集團，把遠離本國領土之外的地方劃進自己的"安全圈"。同時，美國還把自己的價值觀強加給別國，肆意干涉別國內政。這樣的行為方式才是破壞世界和地區穩定的危險因素。

結論

　　即使是在西方，"中國威脅論" 和 "圍堵中國" 等理論也極受爭議，更勿論在亞洲。[1] 馬來西亞首相馬哈蒂爾・穆罕默德（Mahathir Mohamed）就一再強調中國不會對區域穩定構成威脅（馬哈蒂爾・穆罕默德，1996）。確實，不少東南亞國家元首認為孤立和圍堵中國是不明智的，也是危險的，應積極將中國納入多國組織。

　　然而，許多中國人相信 "圍堵中國" 是西方有意針對中國的戰略，民族主義情緒因此而被引燃。顯然，這一波民族主義浪潮是對西方反華政策的反應。一位中國分析家在評論中國民間對美國的民族主義情緒時指出："在很大程度上，是美國自己種下了惡果。" 在中國官方層面，儘管民族主義情緒也頗為盛行，政府在處理民族主義尤其是反西方情緒時卻非常慎重。有學者預言告誡："民族主義可能對外對付不了西方，對內卻引發少數民族的分離，成為一把傷己不傷人的雙刃劍。"

　　中國官方意識到民族主義和仇外情緒過度氾濫將於開放政策不利，而 20 年來中國一直從開放政策中受益。儘

---

[1] 饒義（Denny Roy，1996）對《中國威脅論》的支持觀點和反對觀點作了簡要述評。

管改革開放後，中國政府要以民族主義來填補民眾的信仰真空，但是民間民族主義，尤其是當其發展成為社會運動時，會威脅到國家的政局穩定。因此，民族主義不能逾度。面對著民間的新民族主義浪潮滾滾湧來，中國政府以官方名義主動發起抵制西方"反華"言論的運動，以此來平息民眾對西方的怨憤。與此同時，政府也加強對媒體的管控。不少人認為民族主義對中國的國際形象和對外政策的制定產生了負面影響。中國的領導人也感到在民眾過激的民族主義情緒的影響下，很難理性地做出外交決策。此外，民族主義也將一個不理性的中國呈現給外界，對中國的國際形象不利。

然而，不單是民間民族主義，官方民族主義也可能失控。中國的新民族主義是反應式的，它是否將演化出侵略性，不僅取決於國家和社會間的關係，更取決於國際社會對中國施加的壓力。如一位中國學者所言，"圍堵中國"戰略會在中國激起強烈的民族主義反應，並推動新的威權政權的上台。換句話說，圍堵戰略將促使中國在反西方的道路上愈行愈遠，最終對西方的利益構成真正的威脅。

第六章
新的認同、國家利益和國際行為

　　筆者已經在前面的論述中指出，中國新民族主義的主要目標，是要為中國的前途提供美好願景。因此，儘管新民族主義者反對中國西化，提倡復興傳統的儒家民族主義，他們在新時期復興民族主義的主要目的，卻並不是要向國際社會彰顯中國日益強大的國力，而是要解決中央權力衰落和國家認同缺失等國內問題。

　　但是，這並不意味著新民族主義對中國的國際行為毫無意義。中國的前途和未來將對國際社會尤其是其鄰邦產生重大影響。國際上就此有諸多關心的問題，包括：中國政府和知識界的民族主義分子費力培養和加強中國民眾的國家認同感的真實意圖是什麼？國家認同事關 "我們" 和 "他們" 的劃界，對 "我們" 的認同的加強常常自然而然地意味著對 "他們" 的敵意，按照這一思路，國際社會不得不警惕：建立和加強中國民眾新的國家認同將對國際社會產生何種影響？中國人會因此而更加仇視其他國家嗎？

　　此外，從唯物論的觀點來看，資本主義在中國的發展又將如何影響世界體系？資本主義在本質上就是擴張主義。許多研究馬克思主義的學者指出過，帝國主義是國內民族主義向外的自然延伸。資本主義在中國的發展會使中國走上擴張之路嗎？隨著改革開放的深入，中國經濟日漸融入區域經濟。近年來，內地與香港、大陸與台灣的經濟往來受到廣泛關注。人們用 "大中華"、"中華經濟圈"、"中華經濟共同體" 等來描述這一經濟聯結。除了香港、台灣、澳門地區之外，中國也與鄰邦開展經濟合作。事實上，中國官方對 "大中華" 的概念甚為反感，因為它讓人聯想到日本於 20 世紀 30 年代所提出的 "大東亞共榮圈"，但不少外界觀察家卻恰恰認為，中國正在事實上踐行它的擴張野心。隨著對外經濟網絡的穩步建立，中國在區域內重拾信心。

　　中國的經濟增長和經濟擴張與其新民族主義的興起是何種關係呢？西方不少人認為，正是經濟改革和經濟增長促發了中國新一波的民族主義浪潮。儘管一些人認為中國的新民族主義與其往昔的以反帝為主旨的民族主義和毛澤東所發動的民族主義不同，但是更多的人則認為，中國在國際事務中正變得越來越強硬。

　　艾倫・懷廷（Allen S. Whiting）區分了兩種形式的民

族主義：過於自信的和自信的。前者強調 "我們" 和 "他們" 之間不可妥協的對抗，後者則認為妥協是可行的。邁克爾・奧克森伯格（Michel Oksenberg）提出中國出現過四種民族主義：自怨自艾、自鳴不平式的民族主義，憤怒仇外、自我孤立式的民族主義，剛愎自用的、火藥味濃烈的民族主義，展現民族自信心的民族主義。興起於 20 世紀 80 年代以後的民族主義屬於最後一種。

在江憶恩看來：

自古以來，在不同的歷史背景和權力結構下，中國人一直信奉 "居安思危，有備無患"（parabellum）的戰略文化。這一戰略文化體現在中國決策者的戰略決策中，例如，中國喜好使用進攻性的武力（Johnston，1996）。

江憶恩認為，20 世紀 80 年代以後中國的戰略文化，依然延續著對進攻性武力的偏好。儘管世界局勢已相對穩定，中國經濟也日漸融入了全球體系，中國的決策者在考量國家安全和對外政策時，卻依然採取極端現實主義的立場。

在這一戰略文化的影響下，中國有可能利用經濟資源來擴張政治影響力，並藉此解決領土爭端問題。不少人擔憂，以中國為中心的帝國勢力範圍終將再度形成。兩位西方學者指出，因為堅持依循其固有的對於主權的觀念，"即使大多數其他國家認為中國試圖改變領土現狀的行為是侵略性的和危險的，中國卻覺得這樣的改變完全合乎情理"（Buzan & Segal，1994）。

想要論證中國的新民族主義並非其經濟擴張的結果這一觀點並非難事。這一觀點引出了一個重要問題：中國政府會通過經濟擴張等手段來拓展中國的政治和軍事影響力嗎？一個更為根本的問題是：中國依然固守於以朝貢體系為基礎的傳統世界觀嗎？還是已經轉變了對於國家利益、國家主權和中國的國際地位的看法？

在有關民族主義如何作用於 20 世紀 80 年代以後中國對外行為的討論中，有一個重要的事實被忽視了，即中國領導人對現有國際體系的看法已經隨著改革開放的深入而轉變了。觀念隨著外部環境的變化而變化。在西方帝國主義入侵之前，中國在與周邊國家的交往中，形成了天朝上國的優越感。洋槍利炮為中國帶來了現代意義的民族主義，但中國的民族主義並不是一成不變的。隨著國內外形勢的變遷，中國的民族主義被一再地重新建構。因此，中國目前的對外意圖不能簡單地通過其過去的行為來推斷。在討論規範和認同如何影響一國的對外行為時，保羅·科維特（Paul Kowert）和傑弗里·勒格羅（Jeffrey Legro）指出，要釐清這一問題，就要先回答一個同樣重要的問題：這些規範本身從何而來？不了解規範的形成過程，便很難預測該國會如何採取對外行動。依此類推，如果忽視中國的國家認同在 20 世紀 80 年代以後發生的變化，就難免對新民族主義產生錯誤認識。

在前面幾章中，我已從數個方面討論了中國的新民族主義，這些討論主要從中國國內政治的角度呈現了新民族主義的複雜性。本章通過分析民間民族主義和官方民族主義（愛國主義）間的矛盾，來解決為何中國官方對民族主義涉入中國外交事務持保守態度的問題。之後，本章將探討官方民族主義的另一個重要方面：對於國家利益的新認同。儘管在闡釋中國對外行為的意圖時，"民族主義"這一術語一再出現，中國的民族主義也被與德國和日本的擴張主義相提並論，但中國民族主義對於國際社會究竟意味著什麼還有待進一步釐清。本章將關注"綜合國力"（CNP）這一中國官方民族主義話語的核心詞，討論在涉外事務中，對"綜合國力"的解讀如何影響中國決策者對國家利益的戰略思維。

在 20 世紀 80 年代以後，"國家利益"這一概念取代了毛澤東的國際主義，成為中國外交的主要依據。中國官

方分析家提出，在制定對外政策時，國家利益應成為首要
的考慮因素。在涉外事務中，民族主義情緒的表達固然應
適可而止，國家利益卻不可不被強調。董正華指出："在
國際政治中，國家利益與民族主義具有一致性。""綜合
國力"是中國國家利益的核心。在中國官方民族主義話語
中，"綜合國力"和"國家利益"兩個概念往往互換使用。
綜合國力為中國的內政和外交搭起橋樑，因此對中國和國
際社會都具有重要意義。對綜合國力這一概念的分析將有
助於理解中國官方民族主義的內容和中國官方民族主義對
中國對外政策制定的影響。

一、中國的綜合國力與國家戰略

　　根據中國官方的定義，"綜合國力是一個國家在一定
時期所具有的經濟實力、軍事實力和政治組織實力的整體
表現，是體現該國各方面發展水平和在國際關係中所處地
位的主要標誌。在綜合國力中，經濟實力是主要的和決定
的因素，它包括一個國家的人力、物力和財力"（鍾財，
1995：37）。

　　近一個世紀以來，"國力"被用來衡量一國在世界民族國家之林中的位置（見 Cline，1994）。"綜合國力"類似於"國力"，中國人自 20 世紀 80 年代起開始使用這一概念。鄧小平、楊尚昆等老一代國家領導人提出，衡量一個國家的國力，要綜合地看，全面地看。1992 年，綜合國力的概念正式出現在官方文件中。是年，黨的十四大上提出了"綜合國力競爭"戰略。中共中央總書記江澤民強調："當前國際競爭的實質是以經濟和科技實力為基礎的綜合國力的較量。"❶ 基於這一國際觀，中國的戰略理論家正式發展出"綜合國力競爭戰略"，這是指導一個主權國家發展綜合國力以實現國家利益和目標的方略。於中國而言，這些目標包括：

● 捍衛國家的性質、政治制度；

● 維護國家的獨立、主權和安全；

● 保衛和促進國家經濟、科技的持續發展；

● 創造一種有利於本國政治、經濟、社會發展的國際環境；

● 對來自國外的威脅、衝突和挑戰做出有效的反應；

---

❶ 參見新華社政治編輯室編（1992：15），國際競爭力的相關研究，見狄昂照編（1992）。

● 避免和遏制國內和國際間的戰爭；

● 維護和提高國家在國際上的地位和威望。

雖然這一戰略直到此時才被正式理論化，它在改革初期就已在實際上被視作中國發展的指導方針。如何將"綜合國力"解讀為一個政治概念？這就有必要對中國國家戰略的演進作一個簡單的回顧。

中國的國家領導人對中國所處的國際環境的認知，在很大程度上決定了中國的國家戰略。據中國官方分析師所言："國際環境"（IE）的核心是國際格局，以及一國在這一格局中所處的地位。國際環境對中國國家利益的影響主要體現在三個方面：一是軍事上國家安全受到威脅的大小；二是政治上中國在國際社會中得到多少支持；三是中國對外經濟關係受到什麼樣的制約。

綜合國力的重要性在該國所處的國際環境中體現出來。中國的綜合國力越強大，在國際上的地位就越高，也越容易從國際上獲利。強大的綜合國力也使中國有能力在國際事務中發揮重要的作用。綜合國力可以通過多種方式來衡量。經濟實力指中國在多大程度上融入了國際經濟體系，以及能從這一體系中獲益多少。軍事實力可以通過中國是否受到他國的軍事威脅來衡量。政治實力主要表現在兩方面：國際上，中國是否有能力保護其海外利益；在國內，是否有能力維持政治穩定和實現國家統一。

在各項指標中，"科技發展水平"（LTD）尤其重要。它指中國的科技實力在世界科技發展現狀中所處的位置。中國能否有效地實現國家利益在很大程度上取決於其科技發展水平。科技發展水平也對中國的國際地位有著重要影響。

自中華人民共和國成立以來，中國的國家戰略經歷了幾次大的轉變。在大躍進時期（1957—1958年），毛澤東提倡"趕超"戰略，他提出中國必須在15年內趕超英、美這樣的西方發達國家。"文革"期間，階級鬥爭取代經濟發展，成為國家的首要任務。1975年，周恩來提出以工業、農業、國防和科技四個現代化為國家的發展目標。在對外政策上，由於中國領導人將避免戰爭視為中國最主要的國家利益，反霸權主義作為中國外交的主題貫穿整個毛澤東時期。

20世紀80年代末鄧小平掌權後，中國開始集中力量發展經濟，對國際環境的認識也相應地發生了改變。1978年，具有劃時代意義的中共十一屆三中全會召開，正式提出將黨和國家的工作重心從階級鬥爭轉向經濟建設。這一國內重心的轉移要求中國將創造良好的國際環境作為國家的戰略目標。在很大程度上，這些變化都有賴於鄧小平對國內政治和國際政治相互聯繫的認識。1980 年，鄧小平為中共提出了三項重要任務：反對霸權主義、國家統一和經濟現代化。儘管在國際事務中，鄧小平依然強調反對霸權主義，但反霸權主義的主要目標，卻是要為中國的國內發展爭取一個和平的國際環境。鄧小平將經濟現代化視為解決中國國內問題和所面對的國際上的挑戰的最重要途徑，並認為經濟實力決定中國在民族國家之林中的地位。他公開承認中國的國家實力非常弱，必須集中力量於國內發展，對外政策的制定應依從有利於國內經濟建設的原則。❶

在鄧小平看來，尋求一個和平的國際環境符合中國的國家利益，應該成為中國對外政策的主要目標。他提出：

我們的對外政策，就本國來說，是要尋求一個和平的環境來實現四個現代化。……這不僅符合中國人民的利益，也是符合世界人民利益的一件大事（鄧小平，1984）。

但是，要尋求一個和平的國際環境，和平必須首先被

❶ 鄧小平在論及中美關係時提出了這一觀點。他指出中國還十分貧窮，基礎設施落後。在制定對美政策時，必須考慮到這些情況。見鄧小平（1987b：265）。

認為是可能的。在毛澤東眼裏，中國的周邊危機四伏。鄧小平則試圖說服其他中國領導人世界是善意的。

1983 年，鄧小平在同幾位中央負責同志的談話時再一次強調："大戰打不起來，不要怕，不存在什麼冒險的問題。以前我們總是擔心打仗，每年總要說一次。現在看，擔心得過分了。我看至少十年打不起來。" 1985 年在會見日本商工會議所訪華團時，他又重複了這一想法：

> 我們多年來一直強調戰爭的危險。後來我們的觀點有點變化。我們感到，雖然戰爭的危險還存在，但是制約戰爭的力量有了可喜的發展。……現在世界上真正大的問題，一個是和平問題，一個是經濟問題或者說發展問題（鄧小平，1985）。

1987 年，鄧小平得出了 "爭取比較長期的和平是可能的，戰爭是可以避免的" 的結論。

20 世紀 80 年代，中國對外政策制定的主旨，是為本國國內發展創造良好的國際環境。這一戰略的施行獲得了成功。中國改善了與各鄰邦的雙邊關係，實現了經濟的高增長，尤其是在對外貿易上增長顯著。

1989 年政治風波之後，中國的國際環境惡化，受到

來自西方的各種制裁。隨著蘇聯和東歐共產主義政權的瓦
解，中國成為固守在社會主義陣營的唯一大國。鄧小平的
國家發展戰略面對來自國內和國際的嚴峻挑戰。但是，他
堅信國際上的挑戰是可以克服的，因為和平與發展依然是
世界政治的主題。鑒於此，中國還是應該將經濟發展放在
首位。因此，中國政府還是表達了中方願與美方改善關係
的誠意。與蘇聯分道揚鑣後，中國的民族主義情緒高漲。
鄧小平卻保持冷靜的實用主義立場，認為中國的國家實力
應以經濟實力為基礎。在他看來，為了集中力量於本國國
內的發展，中國必須堅持如下幾項原則：

第一，中國千萬不要當頭，這是一個根本國策。這個
頭我們當不起，自己力量也不夠。當了決無好處，許多主
動都失掉了。中國永遠站在第三世界一邊，中國永遠不稱
霸，中國也永遠不當頭。

第二，中國的對外政策還有兩條：第一條是反對霸權
主義、強權政治，維護世界和平；第二條是建立國際政治
新秩序和經濟新秩序。

第三，經濟發展得快一點，必須依靠科技和教育。每
一行都樹立一個明確的戰略目標，一定要打贏。高科技領
域，中國也要在世界佔有一席之地。

這些原則被納入中國共產黨第十四次全國代表大會的

決議中。這項決議提出，中國的社會主義制度可以包容市場經濟體制，並重申改革開放，解放和發展生產力，建設有中國特色的社會主義。十四大所提議的"綜合國力競爭戰略"是對鄧小平相關思想的系統闡述。儘管十四大的決議也強調了中國融入世界政治和軍事現代化的重要性，它的根本主旨是以國內發展為基礎，樹立中國的強國地位。

為了提升國家的綜合國力，中國政府制定並實施了一系列政策措施以促進經濟、科技、公民的教育水平和軍事等各方面的發展和進步。

中共很清楚應緊緊把握住經濟建設這個中心，使國民經濟持續穩定增長，這於提升綜合國力至關重要。根據1987年中國共產黨第十三次全國代表大會上的報告，黨的十一屆三中全會以後，我國經濟建設的戰略部署大體分三步走：第一步，到1990年，實現國民生產總值比1980年翻一番，解決人民的溫飽問題。第二步，到本世紀末，使國民生產總值再增長一倍，人民生活達到小康水平。第三步，到下個世紀中葉，人均國民生產總值達到中等發達國家水平，人民生活比較富裕，基本實現現代化。根據官方說法，國家在1988年實現了第一步目標，並且在1995年就順利完成了第二步的任務，提前5年實現了國民生產總值翻兩番。1996年初，全國人民代表大會通過了國家發展輪廓性的遠景目標。在這一遠景目標中，到 2000年，實際人均國內生產總值比 1980 年翻兩番，人均收入到 2010 年再翻一番。如此，中國將在 15 年內成為中等收入國家。

提高科技水平是增強綜合國力的另一項要務。鄧小平強調中國必須在世界的高科技領域佔有一席之地。錢學森和周光召等老一輩科學家也指出，下個世紀將是高科技競爭的世紀。高科技是提高綜合國力的密鑰，只有當中國在高科技領域處於領先地位，方可成為有能力應對國內和國際上各種挑戰的世界強國。"863" 計劃是自 1987 年開始實施的高新技術研發計劃，意在提升中國在生物、自動化、信息、能源和新材料等方面的技術水平。此後出台的"火炬計劃" 通過建立高新技術產業開發區來推進新興技術的產業化。

軍事現代化也是綜合國力的重要方面，它的重要性到了 20 世紀 90 年代尤其顯著。人民解放軍將戰略重心從毛澤東的 "人民戰爭" 轉向高新技術，軍備發展的重心也由陸軍轉為海軍。這些最新趨勢引起了國際社會的關注。即便關於中國的軍費預算熱議不斷，中國政府也依然認為，國家只能將一小部分經濟資源投入軍事現代化。軍方也認識到軍事現代化會消耗大量的經濟資源。在軍事現代化和經濟發展孰者優先的問題上，政府和軍方似乎達成了共識：經濟發展優先於軍事現代化。1980 年，鄧小平（1980，1994：285）指出國家現在支付的軍費相當大，這不利於國家建設，"我們應當盡可能地減少軍費開支來加強國家建設"。1985 年，他再次強調："四化總得有先有後。軍隊裝備真正現代化，只有國民經濟建立了比較好的基礎才有可能。"因此，軍事現代化必須服從國家的總體現代化戰略。鄧小平也鼓勵軍隊涉入國家經濟建設。事實上，支持國家和地區經濟建設已經成為中國軍隊的一項主要任務，這對軍隊產生了不利影響。

提高中國的人口素質也是中共的一項重要議程。中國政府力圖在 2000 年之前全面實行義務教育。此外，各項教育政策紛紛出台，包括強化現有的義務教育，發展職業教育，完善高等教育的現有體系，改革中國的教育系統和提高教育工作者的專業水準等。[1]

然而，很難說中國的教育狀況與改革之前相比是否有所改善。財政的萎縮使政府無法為基礎教育提供足夠的資金，這一情況在貧困地區尤為嚴重。國家財政實力的下降也對高等教育產生了負面影響，大量教育工作者和研究人

---

[1] 對 20 世紀 80 年代以後的中國教育體系的介紹，參見 Bih-jaw Lin & Li-min Fan（1990）。

員將心思放在獲取經濟利益上，熱衷於參加商業活動以賺得額外的收入。目前，中國有 2.2 億文盲，約佔世界文盲總數的四分之一。教育水平的低下已成為中國經濟現代化的主要阻礙，而財力和人力的不足也使這一情況很難在短期內得到改善（黃碩風，1990）。中國的人力資源在亞太區域位列末流，相比於韓國的 42%，中國只有 2% 的適齡人口接受過高等教育（見 Wong，1996b：14）。如果這一情況持續下去，中國的經濟增長將很快放慢。

儘管綜合國力發展戰略意在實現平衡的發展，經濟發展還是被置於絕對的優先地位，因為科技進步、軍事現代化和人口素質的提高都需要經濟資源的支持。經濟發展優先原則也影響了中國的對外政策，後者服務於中國國內的經濟建設。

在鄧小平時代，"國內發展優先"無疑是中國制定對外政策時所依循的原則，外交政策也因此而相對穩定。然而，隨著中國綜合國力的迅速增長，國際社會開始擔憂中國是否會因此轉而推行侵略性的外交政策。換句話說：在後冷戰時代，中國會改變對國家利益的看法嗎？

二、後冷戰時期的國家利益

20 世紀 90 年代，三個重要因素影響著中國對國家利益的看法：冷戰的結束、新一代領導集體的政治合法性、領導集體對中國真實實力的認識。

冷戰期間，中國的國家利益須放在美蘇兩大國主導世界政治的格局中來理解。隨著冷戰的結束和蘇聯的瓦解，中國的國家利益也面臨著重新定義。如同其他大國，冷戰的結束也將中國拋入一個不確定的世界。對中國來說，這些不確定包括提升國際地位的機遇。包括美國在內的許多昔日的世界強國正在衰落，中國經濟卻已實現了十多年的高速增長。隨著中國的綜合國力與日俱增，中國學界樂觀地認為中國已是世界大國。

中國應如何在新的國際政治格局中為自己定位呢？中國官方分析家認為，新格局的特質使冷戰後的國際關係產生了四個基本特徵：一是關係複雜化。在多元格局裏五大力量之間形成交叉三角關係，敵友之間的界限模糊不清，各國政策變化取向不確定。二是集團鬆散化。政治與軍事集團內部關係鬆散，各國對外政策獨立性增強，同盟國之間和非同盟國之間的距離日益接近。三是外交多邊化。多邊機構和組織的作用突出。四是合作區域化。區域化成為新地緣政治的動力，地緣和文化同一性的概念不斷取代了意識形態同一性的作用（閻學通，1996b）。

　　無論國際環境如何變化，有一點是清楚的：中國還是應該集中力量於自身發展。本國的經濟增長和現代化是中國在國際上尋求利益的先決條件——這不僅是鄧小平一代的領導人的共識，也是新的領導集體的共識。江澤民在中共十五大（1997）上強調經濟改革先行。他指出，中國近代史告誡我們，落後就要受制於他國，因此增強綜合國力才是中國的唯一出路。第九屆全國人民代表大會進一步決定，施行大規模的政府機構重組，來為國家的經濟改革提供制度保障。無論國際環境如何變化，中國緊緊圍繞經濟建設這個中心。20 年來，經濟的發展不僅令中國各個方面的面貌都煥然一新，也提升了中國的國際地位。除非國際上發生危害中國國內發展的劇變，經濟建設的優先地位就不會被動搖。

　　冷戰的結束恰逢中國領導集體的新老交替。學界認為新一代領導集體正訴諸民間民族主義來鞏固政權。這是因為，毛澤東、鄧小平等老一輩領導人的執政合法性，來源於他們打江山的革命經歷，新一代領導人則顯然不具備這樣的條件。執政者擔心政治改革會導致政局動盪，其他的社會主義國家已有前車之鑒，而不對政治體制進行改革。

"發展"才是鞏固政權的硬道理,當政者就只能完全依賴經濟績效來穩固執政地位。不改善老百姓的生活,要穩住人心談何容易。

新的領導集體意識到如果不把經濟搞上去,中國很難真正在國際上立足。根據 1996 年發佈的政府遠景目標,中國的國民生產總值將在未來 15 年保持年均 7.4% 的增長率。到了 21 世紀初,中國有望成為超級經濟大國(《大公報》,1996)。但對於中國崛起,中國領導人卻並不樂觀。他們認為即使中國在不久的將來成為世界上最大的經濟體之一,它也還是貧窮的。到了 2010 年,中國的人口將多於 13 億(《大公報》,1996),人均國民生產總值依然會遠遠低於發達國家水平,屆時還將有至少 1000 萬人口處於貧困線以下。

馬克思主義者相信,為了保持經濟的增長,帝國主義是資本主義發展初期的必然產物。中國的發展可以避開這條鐵律嗎?中國的戰略家很清楚,現在早已不是通過海外軍事擴張來保持經濟增長的時代,科技進步才是促進生產力的最重要手段。鄧小平早就提出過"科學技術是第一生產力"的論斷。在上文所提到過的國家遠景目標中,其中一項就是將中國的增長方式從粗放型轉變成集約型。

對中國現有綜合國力的清醒認識,使得以江澤民為核心的新的領導班子繼續強調以經濟建設為中心。他們清楚，只有壯大中國的綜合國力、提高人民的生活水平，才能穩固執政黨的執政地位。而要實現這一切，一個和平友好的國際環境至關重要。

正因此，中國對於國際和平與國內發展之間關係的認識，在冷戰後並無大的改變，而這又影響了中國對於國家利益的理解和所採取的相應的國際行為。在中國的戰略分析家看來，在後冷戰時期，中國的國家利益包括民族生存、政治承認、經濟收益、主導地位和世界貢獻。這幾項內容形成了"民族生存"在最高處和"世界貢獻"在最底層的等級結構。冷戰期間，中國將國家安全和政治承認或國家主權視為最高國家利益。隨著冷戰結束，這一觀念轉變了。閻學通指出："冷戰後的多極格局和我國與世界強國之間實力差距的縮小趨勢，使得我國的安全環境明顯改善，這使我國安全利益的緊迫性下降了。然而對經濟發展重要性的認識，以及我國與發達國家巨大的科技差距，提高了我國經濟利益的緊迫性。"事實上，於中國而言，維持世界和平、避免捲入任何形式的軍事衝突是首要的國家利益，因為只有實現了這一點，國內的經濟建設才能正常進行。在現實主義政治思想家閻學通看來，世界和平和中國發展間的正相關關係可以通過統計數據得到證明：

從 1949 年到 1979 年的 30 年間裏，中國平均每 5 年要捲入一次軍事衝突。由於頻繁地捲入軍事衝突，所以經濟建設不能正常進行，這 30 年的經濟建設沒能取得更大的成果。而 80 年代起，中國沒再捲入任何軍事衝突，經濟建設成果豐碩。……中國必須將避免捲入軍事衝突作為首要的國家利益（閻學通，1996c）。

經濟實力的增長推動著中國在國際上尋求更大的利益空間。中國的戰略理論家指出，無論是國力增長的國家還是國力衰落的國家，都要根據自身新的實力來重新確定本國的利益範圍和內容，綜合國力增長的國家自然感到國家利益的範圍在擴大，內容在增加，目標要提高，同時想要更積極地參與國際事務。如閻學通所言："隨著國力的增長，中國認為自己有必要採取更堅定的立場維護自己的尊嚴和利益"（亦見顧德欣、黃琦，1996）。

鄧小平在蘇聯瓦解時就曾指出："美蘇壟斷一切的情況正在變化。世界格局將來是三極也好，四極也好，五極也好，……所謂多極，中國算一極。中國不要貶低自己，怎麼樣也算一極。"此外，他也警示："強權政治在升級，少數幾個西方發達國家想壟斷世界。" 1989 年，鄧小平在會見美國總統特使、總統國家安全事務助理布倫特．斯考克羅夫特（Brent Scowcroft）時聲明："兩國（美國和中國）相處，要彼此尊重對方，儘可能照顧對方，這樣來解決糾葛。"鄧小平也在其他場合多次強調作為獨立的主權國家，中國有自己的國格和民族自尊心。他國不可在不聽取中國意見的前提下，把它們的意志強加給中國。

事實上，新的領導集體將尋求國際尊重視為中國外交的主旨。當時的外交部長錢其琛也認為，中國在世界事務中扮演越來越重要的角色的同時，必須得到國際社會的認可和尊重。他聲言：

一個和平、安定、繁榮、發展的中國正在世界的東方崛起。這件事引起了越來越多的國家的重視。……人們在討論中國將在國際上可能起到的作用，……世界的和平與發展需要中國。孤立中國做不到，也沒有什麼出路，只會使自己受損。……相互尊重、平等對話，才是增進共識、縮小分歧、發展國與國之間合作的唯一正確途徑。

值得指出的是，新老兩代領導人為中國尋求國際認同的方式存在差異。老一代領導人強調中國的主權，並堅決抵制和仇視來自國際上的壓力。而新一代領導人則意識到，儘管他國應該尊重中國，中國也要積極主動地"爭取〞這種尊重,所以,新一代領導人更有可能站在他國的立場來反觀中國該怎麼做。也正因此,民族主義對中國外交政策的影響被最小化了。在本章的餘下部分,我將用三個案例來呈現中國對國家利益的新認知如何影響其對外行為。

三、中美關係:從敵人到〝戰略夥伴〞

1989 年後,以美國為首的西方國家對中國施加嚴厲的經濟和政治制裁。鄧小平在會見美國前總統尼克松時提出,結束兩國的敵對狀態,美國應該採取主動,也只能由美國採取主動。在與美國總統特使、總統國家安全事務助理斯考克羅夫特的談話中,他也表達了對布什總統能為中美關係的改善和發展做些貢獻的希望。在鄧小平看來,中國無法承擔與美國敵對的代價,因為中國的發展需要一個和平的國際環境。也正因此,自冷戰結束以來,中國的對美政策在很大程度上順應著美國的對華政策。

20 世紀 70 年代末,中國開始推行改革開放政策,大洋彼岸的美國對此呈現出一片樂觀情緒。他們相信中國將成為第一個從計劃經濟和極權制向市場經濟甚至民主制轉變的社會主義國家。換句話說，中國會變得"更像我們（美國）"。不難理解，中國政府對 1989 年的政治風波的態度使美國人如夢初醒，他們的對華政策也因此急劇轉向。

但事實上，中美兩國衝突的實質並不是意識形態，而是利益。冷戰期間，蘇聯是中國和美國共同的敵人，中美關係建立在對抗蘇聯這一共同利益之上。此外，中國的改革開放也為美國帶來了經濟利益。但隨著蘇聯的瓦解，中美共同的戰略利益消失了。除此之外，中美間的貿易平衡也很快發生了逆轉。從 80 年代初期到末期，美國對中國貿易從順差轉變為與日俱增的逆差。許多美國人開始將中國視為另一個重商主義的亞洲經濟體，它的成長壯大只會損害美國的經濟利益。

儘管布什政府在 20 世紀 80 年代末對中國施加了多項制裁，它還是避免與中國發生正面衝突。例如，它保住了中國的最惠國待遇。1993 年，比爾·克林頓（Bill Clinton）成為美國總統，美國對華政策急劇轉變。克林頓政府將人權問題視為對華政策的核心，是否更新中國的最惠國地位，也被明確置於中國是否能改善其人權狀況的前提下。布什政府曾試圖增進中美高層領導人的對話，但克林頓在當政頭幾個月迴避了此類接觸。

美國對華政策的轉變在中國激起了強烈的反響。鄧小平一再強調美國和西方沒有任何權力將他們的意志強加於中國,因為國權比人權重要得多,中國也不會向任何威脅屈服。另兩件事也加重了中美關係的惡化:美國對中國申辦 2000 年的奧運會投了反對票;克林頓政府命令美國海軍搜查駛往中東的中國商船銀河號,據稱該商船載有化學武器。20 世紀 80 年代,不少中國人尤其是知識分子曾視美國為中國學習的榜樣,但銀河號事件等加上西方所散佈的 "中國威脅論",轉變了中國民眾對美國的印象。如同筆者在之前篇章中所提到過的,大多數中國人開始將美國視為敵人。❶

1993 年底,在對已有的對華政策進行評估後,克林頓政府提出了 "接觸" 政策。接觸策略為美對華政策帶來三項改變:第一,將是否更新中國的最惠國地位與中國的人權問題脫鉤。第二,不再緊追人權問題不放,而是將雙邊對話拓展到更廣闊的領域。第三,克林頓重啟與中國高層領導人的接觸。在中國官方看來,"接觸策略" 意味著什麼並不明晰。許多人將 "接觸" 視為 "圍堵" 的一部分。

---

❶ 中國內地和香港的媒體密切追蹤銀河號事件。大多數觀點認為美國是霸權國家,藐視中國的國家尊嚴。

在實際操作層面，中國並未看到美對華政策有什麼大的改變。美國確實派遣了來自商務部、國防部、商務代表處和人權事務處等的內閣使團到訪中國，但他們對中國似乎並不友善。

美國在台灣問題上的做法加深了中國對美涉華政策的質疑。1994 年，克林頓政府重申了美對台政策。它沒有明確美對台長期意圖，也沒有觸及台灣"獨立"的敏感問題，卻將重點放在美國與台灣官員接觸的規定上。其中一項規定是：台灣官員只有在以美國為中轉站前往他國時才可進入美國。但這項規定很快被打破。1995 年春末，台灣地區當局領導人李登輝在美國康奈爾大學發表主題演講。中國官方認為，美國通過撓擾海峽兩岸的統一，甚至支持"台獨"，來對華實施圍堵政策。當中國通過發射導彈和在台島沿岸部署艦隊來表達對"台獨"的不快時，美國卻通過向海峽派遣兩艘航母來表達保護台灣的意願。美國的做法讓中國民眾的反美呼聲再一次高漲。

台海危機表明了中國實現國家統一的決心，顯著影響了美對華政策。克林頓政府聲言，幫助中國融入國際社會、使其享有一個大國應有的權益並承擔起相應的責任是美國的長遠目標。美國並無意阻撓中國崛起或圍堵中國。"接觸"意味著幫助中國成長為一個受尊敬和負責任的真正的大國。中國在成為大國俱樂部的一員時，必須遵守這一大家庭的規則。克林頓政府還強調，美國並不認為中美兩國的核心國家利益相衝突，相反，兩國可以形成長期合作夥伴關係。

克林頓政府表達了願與中方恢復最高規格的官方接觸的意向。1997 年春，副總統阿爾·戈爾（Al Gore）被派往中國。同時，兩國元首互訪的行程也在計劃中。按照這一計劃，江澤民主席將於 1997 年末訪問美國，克林頓總統也將在 1998 年訪問中國。此前，江澤民和克林頓已在聯合國和亞太經合組織等多邊組織見過面，但他們的雙邊會晤卻將是自 1989 年以來的頭一次。中美間的國事互訪，1989 年喬治·布什（George Bush）總統訪問中國後就中止了。

美國所表達的幫助中國融入大國俱樂部的意願，在中國看來是要視中國為平等的夥伴。此前，部分中國人認為美國的"融入"戰略是要將中國束縛在由西方主要大國所創立和主導的國際體系中，以限制中國的發展。令人吃驚的是，一旦美國承認中國是大國，中國馬上對"融入"的概念持歡迎態度。的確，長久以來，成為世界大國一直是中國民族主義的主旨。

自從中國領導人看到了美國的善意，中國的對美政策也發生了大轉變。那些曾經對美持批評態度的領導人開始強調中美關係的重要性。中國社會科學院副院長劉吉解釋了這一轉變：

　　美國從來沒有直接侵略過中國。《望廈條約》和 1900 年的庚子賠款等更多的也只是歷史學家們的研究對象，中國的普通民眾對此並無多少印象。……美國人民直率的性格、對自由的追求和實用主義的風格贏得了中國人民的欣賞。因此，近兩代人的敵意在兩國關係的天空中只是一抹擾人的雲彩而已。現在這朵雲飄走了，於是萬里晴空（劉吉，1997）。

　　事實上，使中國發展得像美國那樣強大，是幾代中國人的夢想。對他們而言，兩國關係的真正阻礙，是美國不願將中國視為平等的夥伴。反對美國無視中國的國家尊嚴、把自己的意志強加到中國，正是反美民族主義呼聲的主要內容。

　　1997 年 9 月，江澤民主席如期出訪美國，與克林頓總統就中美兩國建立 "戰略合作夥伴關係" 達成共識。中國政府認為克林頓和江澤民的會晤具有重要的象徵意義，是中美兩國關係進展中的重大成就。次年 6 月，克林頓總統對中國進行了回訪，這無疑進一步改善了中國對美國的印象。

中美就區域穩定、核合作、人權、宗教自由、非政府組織論壇及聯合國關於經濟權、社會權和文化權的公約達成了多項協議。雙方決定展開政治和安全對話以促進世界和平和穩定。此外，兩國元首將定期會晤，美國的國務卿、國防部長和國家安全顧問也將與中方代表互訪，雙方還將定期舉行關於政治、軍事、安全和軍備控制等議題的非正式會談，並建立兩國首腦的直接溝通渠道。在軍事關係，海上軍事安全，軍隊交流，推進法制和加強執法，打擊毒品和犯罪，科技、能源、環境合作等方面，兩國也取得多項共識。

對於江澤民和克林頓的會晤，中國官方和民間的反響都比預期的更為積極。李鵬總理在接受採訪時表示，江澤民主席成功訪美，標誌著西方對中國的不公正制裁基本結束。更重要的是，會晤使中國人民對美國產生了好感。不少中國人將克林頓標榜為第一位願意接納中國的大國地位和不再以美國利益來評價中國行為的美國總統。

誠然，在不少中國領導人看來，中國無意也不應該挑戰美國的世界霸主地位。李鵬總理表示，中國決不低估美國在世界上的作用。無論它的經濟實力還是科技、文化等，都有許多可取之處。但是，中國絕不能容忍美國干涉中國內政（MP，1998）。劉吉指出，中國想要尋求的中美關係不是對抗，而是合作；中美合作不僅與美國在下個世紀繼續擔當世界第一超級大國的利益相洽，也有利於中國的現代化。即使在中國的現實主義者看來，中國是否將崛起為真正的世界大國，在很大程度上取決於能否避免與美國的正面衝突。閻學通將"避免與美國的軍事對抗"視作"中國長期的戰略安全利益"。在他看來，冷戰結束後中國面臨的最主要潛在軍事威脅來自美國，中美對立會使美國採取如下行動：第一，在亞太合作中強化日美聯盟，以日本平衡中國在亞洲的大國作用。第二，加強對中國分裂勢力的支持，增加對台軍售，使中國的統一安全受到威脅。第三，在中國與周邊國家的邊界糾紛中支持與中國對立的一方，增加他們在與中國解決矛盾時討價還價的籌碼。

在其於哈佛大學所作的演講中，劉吉指出，"誰想與中國為敵，誰就會發現，中國不僅是不可戰勝的，也是堅韌不拔的；以真心換真心，以朋友之道對待中國，中國也將以友誼相報"（劉吉，1997）。劉吉的此番言論很快被民族主義呼聲的漸漸平息所證明。克林頓與江澤民的會晤，讓中國領導人看到了美國的善意，也對中美兩國關係有了新的認識。雙方都願意通過減少分歧、取得共識來建立長

期的夥伴關係。隨著雙邊溝通變得更實際、更理性，兩國
關係的穩定化及中國成為美國長期戰略合作夥伴的前景指
日可待。

四、釣魚島爭端

1996 年 7 月 16 日，一些日本學生（右翼分子）在釣
魚島上非法搭建了一座燈塔。一如往昔，中國政府強烈譴
責日本的做法，並重申中國對釣魚島的主權。在日本，政
府官員對此事件表示遺憾，但也重申日本對釣魚島的主
權。兩國外交話語交惡很快引爆了包括中國大陸、香港、
台灣在內的世界各地中國人的保釣運動。

中日兩國對釣魚島的主權爭議由來已久。鄧小平在
1978 年訪問日本時提出，以擱置爭議來推進兩國關係。
1979 年，一些日本人試圖在島上建設交通設施，引起了
中方的激烈反對。進入 20 世紀 80 年代以後的改革時代，
為國內發展爭取和平的國際環境成為中國外交政策的主
旨。1984 年，鄧小平以釣魚島為例，提出中國政府在處
理與他國的領土爭端時，應優先考慮如何不讓這些爭端對

國內的經濟發展產生負面影響。鄧小平進一步提出了“擱置爭議，共同開發”的原則來解決領土爭端問題。在中國領導人看來，佔有釣魚島不會為中國帶來任何實際的戰略利益，而維持中日邦交的正常化卻符合中國的政治、經濟和戰略利益。然而，中方的示好並未獲得日方的友好回應。

1996 年保釣事件始發時，人們普遍認為中國政府會支持民眾的民族主義熱情。但這樣的預期顯然並無任何站得住腳的依據。自改革開放以來，中國官方和民間對中日關係都保持著高度的敏感性。日資隨著改革開放湧入中國，這使得中日的聯繫日益密切。但相應的問題也很快出現了。20 世紀 80 年代中期，北京學生掀起了反日浪潮。1985 年中日貿易進出口總額達到 164.4 億美元，其中進口額 108.3 億美元，出口額 56.1 億美元，兩項逆差 52.2 億美元。不僅如此，一些日本商人向中國市場傾銷了一批過時淘汰的機械設備。更令中國人不快的是，日本領導人拒絕為日本國在二戰中的侵略行為道歉。在這種形勢下，中國的青年學生們輕易地接受了中央高級領導人中存在著“親日派”的說法，認為政府的對日政策太軟弱了。

更重要的是，日本在亞太地區的政治影響力逐步上升。日本於 1996 年與美國簽署了新的安全協議，欲將協議範圍擴展至台海地區。在日本國內，不時有政府官員參拜供奉著戰犯牌位的靖國神社，甚至矢口否認二戰時的對華侵略事實。這些都引起了中國人的強烈不滿。中國官方分析師指出，新的美日防禦計劃意在牽制中國的崛起。而日本對二戰中的侵略行為的否認，也被普遍認為是其軍國主義的抬頭。

　　於中國的民族主義者而言，政府應該站在民眾一邊，對日本採取強硬政策。這是因為：第一，政府可以借民眾的民族主義運動來向日本顯示保釣的決心。第二，以愛國主義為主旋律的反日呼聲有利於加強新的領導集體的執政合法性。據報道，江澤民在了解了上海學生的反日示威後，稱讚他們是愛國的。這是這麼多年來，中央領導人第一次欣然接受學生的請願。第三，香港、台灣及世界各地中國人與日俱漲的反日愛國主義情緒，可以成為促進中國統一的強大力量。中國政府表示願與台灣一起保衛釣魚島。台灣當局不僅表示支持反日運動，還呼籲大陸和台灣共同捍衛對釣魚島的領土主權。在香港，12000 人上街示威遊行，抗議日本的奪釣行為。包括香港六所高校和其他高等教育機構在內的公共組織領導了這些示威遊行。在參加示威的各色人等中，呼聲最響亮的是曾強烈譴責中國政府的各民主團體的領袖，其中包括一直對中國政府抑制香港民主進程政策持不滿態度的議員們。中國政府能夠團結起如此多而複雜的政治勢力、在中華各地形成民族凝聚力，這種情況並不多見。

但事態的發展並不如中國的愛國主義者所願。事件之初，中國政府對日本的奪島行為反應激烈，然而，隨著香港、台灣、澳門和大陸各地的反日呼聲日漸高漲，中國政府很快採取強硬舉措控制大陸的示威運動。但這並不意味著中國政府對釣魚島的主權問題採取妥協態度。相反，中國政府對日本加大了"官方"壓力。中國政府對民間民族主義澆冷水，只是為了確保它不會對中國的國內穩定和國際關係產生負面影響。

幾項因素促成了中國政府對民眾反日運動態度的轉變。首先，民間民族主義的複雜性，使得政府對其可能產生的結果難以預估。包括香港的民主力量在內的各種政治勢力都發出了愛國主義呼聲，但中央政府很難判斷他們是否會借機滋事，將反日運動與中國的民主化等政治問題相聯繫。第二，示威遊行與中國政府的以政治穩定為重的原則相悖。如果學生運動愈演愈烈，可能將超出政府的掌控，威脅到國家的穩定和現代化。第三點也是更重要的，和鄧小平一樣，中國新的領導人深知穩固的中日關係對中國國內發展的重要性。中國政府不希望國家的現代化進程因任何國際紛爭和衝突而放緩。也正是從日本侵華的深刻教訓中，中國人明白了落後就要捱打。因此，為了集中力量建設國家，即使經常遭到民眾的不滿，中國政府也力圖維持與日本的友好關係。

在國家的對外關係中，對日關係是最受中國民眾關注的。他們不僅關心日本的對華政策，也通過密切追蹤日本國內的政局，來揣摩中日關係的走向。這種格外關注的理由很簡單：

日本侵華在中國的民族歷史上留下了血淋淋的傷痕。日本人是最後的入侵者，因此中國人對其罪行的記憶也是最切近的。日本不僅侵吞了大塊大塊的中國領土，也通過收買漢奸來統治中國。更糟糕的是，中國的部分統治精英為日本的勸誘所動而與其勾結，助長了日本在華勢力的形成和擴張。而戰後，日本的執政者卻對其士兵在侵華戰爭中的罪行採取拒絕承認甚至失憶的態度（Wang，1996）。

劉吉也指出："日本侵華的慘痛記憶很難從中國人的腦海中褪去。"日本侵華史構成了中國現代史的重要部分。於不少中國人而言，日本成功邁入現代化，正是以將中國綁在恥辱柱上為代價的。因此，日本一旦對中國"使壞”，就立刻令他們想起其過去的滔天罪行：1894年到1895年的中日甲午戰爭、《馬關條約》、偽滿洲傀儡政權的建立、“九一八”事變、“華北五省自治”、盧溝橋事變和南京大屠殺。中國青少年發展基金會和《中國青年》於1997年初對10萬名海內外青少年進行了有關日本的問卷調查，結果顯示，這些青少年中的99.4%表示不會忘記日本曾經侵略過中國，76.4%表示看到日本國旗會讓他們想起日本侵略者的暴行。接受問卷調查者的平均年齡在25歲左右。另一項1997年初在北京航空航天大學的調查表明，超過90%的人清楚地知道中日兩國之間在歷史上發生的事件，同時82.7%的學生認為，作為一名中國青年，應該牢記日本侵華的歷史。

中國人未看到日本懺悔戰爭罪行的誠意，日本也依然對中國缺乏尊重。德國人一再向二戰中遭受其暴行的歐洲和其他地區的人民致歉，日本政府卻有意曲改歷史。日本的年輕人對國家歷史的陰暗面所知甚少。中方認為，只有承認史實，日本才有可能正確面對歷史。否認史實，就是日本軍國主義抬頭的信號。在過去25年裏，日本的政治家屢次發表聲明否認侵華史實。在日本的中、小學教科書中，這段歷史也被含糊地一筆帶過。

中國青少年發展基金會和《中國青年》雜誌社發起

的調查顯示，96.8% 的中國青少年對日本拒不承認侵華罪行感到極大憤怒，93.3% 的青少年認為日本對侵華史的態度是影響兩國關係的最主要因素之一（*The Xinhua News Agency*，1997）。事實上，不少人擔心不知悔改的日本將會繼續對中國構成威脅，正如其積極響應西方針對中國的圍堵戰略。這種擔憂顯然影響了中國人對日本的印象。例如，在上述的問卷調查中，只有 3% 的青少年認為，日本在華投資是為了幫助中國，而有 83.3% 的人則認為，這是為了佔有中國市場和獲取利益，更有 45.6% 的人認為，日本試圖在經濟上控制中國。

中國官方分析家認識到民間民族主義並不是解決中日兩國紛爭的有效途徑。要建立長期穩定和和平的中日關係，就要正確解決兩國歷史遺留問題。如同德國，日本應從心理上同那些曾遭受過侵略的國家改善關係。可以肯定的是，中國人是否可以原諒日本過去的罪狀，很大程度上取決於日本對上次戰爭所持的態度，這個態度將決定日本未來對於可能發生的衝突所持的態度。

五、從雙邊主義到多邊主義

　　新的國家利益認同的建立，也促使中國的戰略思維從雙邊主義轉向多邊主義。冷戰時期，中國在區域內以雙邊主義的政策影響鄰邦，以期建立亞洲霸主的地位（Levine，1984：118）。冷戰後，中國的戰略家們越來越意識到多邊政治合作和集體安全體系的重要性，雙邊主義已不再是中國追求國家利益特別是安全利益的最有效手段。閻學通指出：

　　冷戰後，世界主要國家都意識到和平既是一國，也是世界各國共同的國家利益。靠增強軍事實力保護個體安全的方法是難以持久的，為了持久有效地維護自身的安全，有必要建立集體安全體系（閻學通，1996）。

　　中國的戰略家認為，集體合作安全保障體系是一種比個體安全保障體系更為安全和保險的系統。這是因為：在集體合作安全體系中，每個國家的安全除了靠自己的力量之外，還受到集體合作安全條約的保障。此外，集體合作安全機制還多了一層威懾作用。畏於集體的懲罰，單個國家就不敢冒險採取侵略行動（閻學通，1996）。

　　這一集體安全觀反映在中國對東南亞國家的政策上。中國在冷戰時期是不贊成在東南亞搞集體安全機制的,並視 1967 年成立的東盟（ASEAN）為由美國主導的反華軍事聯盟,會對中國安全構成威脅。[1]但中國的戰略家在冷戰後逐漸改變了看法,他們意識到建立亞太地區集體合作安全保障是中國宏觀的戰略安全利益。

　　中國與東南亞國家的衝突主要圍繞著南海諸島尤其是南沙群島的領土主權。鄧小平在 1984 年會見來自美國的代表團時提出有些國際上的領土爭端,可以先不談主權,先進行共同開發。這樣的問題（領土爭端）,要從尊重現實出發,找條新的路子來解決。同年,鄧小平在中央顧問委員會第三次全體會議上的講話中提出將"擱置主權問題,共同開發"作為解決南沙群島問題的辦法。

　　另一方面,東南亞國家也勸說中國加入與東盟的多邊安全會談。1994 年中國在東盟地區論壇首次會議上,提出五點亞太安全合作的原則和措施。中國的擱置主權問題的提議目的在於促進集體安全機制的早日建成。儘管進展有限,但是這些提議無疑有助於中國調整與鄰國的關係。中國參與了亞太經合組織（APEC）、東盟地區論壇（ARF）

---

[1] 關於中國對東南亞政策的討論,見鄭永年（1996：48-62）。

等各種形式的區域對話，並表達了通過協商來尋找解決領土爭端的可能途徑的意願。

　　建立亞太地區的集體合作安全機制對中國的戰略安全有兩個好處：可以防止東亞地區的軍備競賽，也有助於建立和平的周邊環境。但在閻學通看來，真正值得擔憂的是，如果他國擅自使用武力來佔領具有爭議的島嶼，中國也就不得不訴諸武力來保衛其領土和主權。

結論

　　中國的當政者基於對國家利益的認識來制定對內和對外政策。強調綜合國力就意味著國家發展須從各個方面平衡考慮，而不僅僅是著力於軍事實力、經濟實力等單個方面。將經濟發展作為提升綜合國力的重中之重，說明中國的當政者相信國家利益可以量化。

　　這一邏輯使得中國的領導班子在制定對外政策時更加務實。意識形態因素不再對中國的外交起到主要作用。中國的戰略家意識到 "冷戰結束後，意識形態之爭已不再是國際政治鬥爭的關鍵"（閻學通，1996c：43）。自 20 世紀 70 年代末起，中國就放棄了以意識形態劃線的政策。務實漸漸成為中國外交的主要特徵，這尤其體現在中美關係上。即使是對於領土主權，中國的看法也有了一定的變化，在某些具體的問題上，主權分歧可以讓位於國際合作。

改革開放以來，中國發生了翻天覆地的變化。隨著經濟實力的增強，中國開始尋求國際地位的提高。中國在國際事務中變得更為自信是可以理解的，但自信並不等同於攻擊性或侵略性。隨著國內和國際形勢的發展，中國對國家利益的觀念也發生了轉變。在國家利益認同上，如何從舊的世界觀轉換到現代民族國家體系的語境中，中國人依然在學習和適應。

飽嘗了幾個世紀的屈辱，中國人渴望獲得國際社會的尊重。這或許會被視為一種執迷不悟，但中國人不這麼看，他們相信這份尊重是中國應得的。隨著經濟發展和國家實力的增強，不少中國人甚至認為他們有權力要求這樣的尊重。中國的新民族主義正是在他國未給予中國應有的尊重的情境下而興起的，因此，它將如何影響中國的對外行為，在很大程度上取決於他國會以何種態度對待中國。

第七章
中國新民族主義將何去何從？

　　中國的新民族主義會變得具有侵略性嗎？它意在推動中國與其他世界大國爭奪軍事和政治權力嗎？不少西方學者認為，崛起中的大國會對全球勢力分配的現狀和既有霸主的霸權構成挑戰。這種動蕩的轉變和競爭，最終會將世界引向戰爭。據此觀點，許多西方人擔憂，中國崛起會成為現有國際秩序的不穩定因素，威脅世界的和平與安全。

一、後冷戰時期的中國戰略選擇

　　中國人如何思考中國的國際角色。這些思考所呈現的國家認同的轉變表明，中國崛起所帶來的影響並不必然落入這些西方學者所預設的模式。借用艾伯特・赫希曼（Albert Hirschman）所提出的"退出、抗議和效忠"三種策略選擇，中國最有可能選擇的國際戰略是"抗議"，而不是"退出"或"效忠"。

中國不可能無條件地"忠於"現有的國際體系，這須從兩方面來理解：一方面，如前面章節中所討論過的，在新民族主義的推動下，越來越多的中國人意識到，現有的國際體系並不必然符合中國的國家利益。西方國家一手制定了現有國際體系的規範和準則，當時貧弱的中國並無實際的發言權和影響力。這些規則固然使中國受益，但終究會制約中國的發展。正因此，中國的領導人倡議建立國際政治、經濟新秩序。另一方面，西方對中國崛起將改變世界秩序和穩定的擔憂，也讓中國人明白，現在的國際體系很難真正包容崛起中的中國。

中國也很難做到"退出"現有的國際體系。第一，西方不會允許中國這麼做。讓一個擁有核武器的共產主義國家"生存"在國際體系之外是危險的。如第一章所言，除了一些"強硬的現實主義分子"，西方並不願意孤立中國。

第二，中國經濟與世界經濟的相互依存也讓"退出"無以可能。與西方主要國家的經濟聯繫已經成為中國經濟發展不可或缺的部分，20多年的改革開放也讓中國經濟極大地融入了世界體系。在經濟改革的初始階段，中國吸引了大量外資，但卻無法引進西方的高新技術。中國的建設者很清楚西方資本和高新技術對中國持續發展的重要性，而融入國際體系是獲得這些的最有效途徑。因此，1997 年 9 月，江澤民在會見克林頓時的一項重要的議程，就是說服美國重新開放因 1989 年的政治風波而對中國中斷的高新技術輸送。同樣，朱鎔基也提出了科教興國戰略。1998 年 3 月，朱鎔基總理訪歐，他特別提出中歐應在科技方面開展合作。

第三，即使西方願意接受中國的崛起，中國也無法建立一個以己為中心的世界體系。改革開放以來，中國在經濟上取得了長足發展，可望在 21 世紀初成為超級經濟體。但高速現代化也給中國國內帶來了諸多問題並引發了中央權力的危機。沒有穩固的制度基礎，中國難以建立以己為中心的國際秩序。此外，中國共產黨的意識形態也對國民失去了吸引力，中國人意識到，舊的意識形態已經成為國家重塑國際聲望的主要阻礙，而國際聲望對一個世界大國來說又是至關重要的。雖然知識界開始復興儒家文明，中國能否依靠儒教來建立新的國際秩序還有待觀望，如白魯恂所言：＂儘管中國有著偉大的歷史……它進入現代化的方式讓它的民族主義相對稚弱。＂

在後冷戰時期，中國最有可能選擇的是＂抗議＂戰略。事實上，中國已然對西方主導的國際體系發出抱怨，並呼籲建立新的國際秩序。但這並不意味著中國試圖"退出"現有體系，中國也無意於主導建立新的國際秩序。中國要做的是"改革"現有體系，使其更有利於中國崛起和中國的國家利益。

新民族主義的興起會改變中國的"抗議"戰略嗎？接下來的部分將論證為何中國將"抗議"視為其成為大國的唯一途徑。在強烈的民族主義情緒的影響下，中國官方學者和政府中強硬的現實主義派會做出理性的戰略選擇嗎？本研究表明，隨著國家利益觀的轉變，這些精英在制定政策時所使用的帶有民族主義色彩的語言，並不影響這些政策的理性實質。更何況，新民族主義也面臨著中國國內的諸多挑戰。民族主義只是 20 世紀 90 年代眾多政治勢力中的一支，而不是唯一的。20 多年的改革開放培育了眾多政治和社會力量。20 世紀 80 年代，受到政府抵制的自由主義盛行於各社會群體中。到了 20 世紀 90 年代，民族主義興起，但自由主義依然有著很大市場，它還與全球主義密切相關。的確，自由主義或全球主義對民族主義構成了嚴重挑戰，要理解新民族主義的未來也須從理解它的挑戰入手。

中國新民族主義的興起不僅是對本國現代化所做出的回應，也是對國際形勢的發展所做出的回應。西方各式各樣的反華理論在中國激起了強烈的民族主義情緒。不少中國人相信西方並不樂見且想方設法遏制中國的發展，因此，民族主義被視作動員各方國內力量抵制西方圍堵戰略的必要手段。但這一想法對國家政策制定的影響顯然具有複雜性。

新民族主義的對外目標是建立新的國際經濟和政治秩序。如前所述，新民族主義者不滿於現有的國際勢力分配，希望國際秩序向有利於中國國家利益的方向轉變，這讓中國的新民族主義呈現出進攻傾向。中國也不可能選擇"退出"現有的國際體系。中國國際戰略的選擇不僅受制於各種國內外因素，也取決於中國如何看待自身崛起和西方對中國崛起的態度。中國官方的戰略家們即使滿懷民族主義情緒，也還是認為"抗議"和"參與"才是中國成為大國的唯一途徑。

二、中國真的會被圍堵嗎？

中國真的會被圍堵嗎？在中國的現實主義分子看來，"圍堵中國"理論的出現是冷戰結束的自然結果，不可能真的實現。冷戰後，美對華政策發生了變化。隨著蘇聯的瓦解，中美失去了共同的敵人，中國也因此不再對美國的全球戰略具有重要意義。中國的迅速崛起很自然地讓不少美國人對其是否會挑戰美國的全球利益產生質疑。但圍堵理論的製造者高估了中美利益的衝突面，低估了合作面。只要兩國在全球和區域擁有共同利益，美國就不會真的對華實施圍堵政策，同樣，中國也不會發動民族主義運動來反對美國。

以美國為首的西方所炮製的圍堵戰略，受到多項因素的制約。中西間的冷戰並不現實。中國不同於蘇聯，既不想孤立自己，也無意於建立集團或聯盟。開放政策是中國國家戰略的核心。中國和西方都想參與對方的發展，雙方也已在中國開放政策下形成了相互依賴的關係。只要中國的發展依然保持活力，能讓西方從中獲益，西方就不會孤立和圍堵中國。

退一步講，就算美國真的對中國實行圍堵政策，也很難成功。世界局勢在冷戰後向多極化發展，並不是唯美國獨尊。美國與其他世界大國的關係不應被美化，他們之間的潛在衝突不容忽視。在歐洲，統一後的德國依然可能成為第一流的國家。在亞洲，日本傾向於將東盟放到戰略考慮的重要位置，並力圖成為區域的政治領袖。日本的所作所為不僅值得中國警惕，也將對美國的亞洲利益構成挑戰。此外，區域認同的加強也促進了各種形式的區域經濟、軍事和政治聯盟的形成。這些都表明，儘管美國依然是頭號強國，它的霸主地位並非不可動搖。

從地緣政治的角度來看，美國也不可能採取過於強硬的對華戰略。美國一方面不願看到中國變成對其國家利益形成挑戰的另一個蘇聯，另一方面也極力遏制俄國再次發展壯大。正因此，美國將北大西洋公約組織（NATO）東擴，並插手台海危機。但美國也深知，它對中俄兩方的遏制行動都不能太過火，否則，中、俄很有可能形成聯盟共同對抗美國，這將對美國的全球戰略利益造成致命打擊。

亞太問題也是美對華遏制戰略所受到的制約之一。亞太已成為世界經濟發展的中心，誰掌握了亞太，誰才能夠在世界上佔據最有利的地位。美國在亞太的利益繫於兩點：一是這一新興地區的領導權不能失於他人之手；二是這一地區業已形成的繁榮穩定的局面必須保持，其巨大的發展機會不容丟失。就第一點即亞太的主導權而言，美國面臨的是兩個對手。它既要挾日抑中，也要藉中抑日。今天的日美安保關係與冷戰時期的情況已不可同日而語，美國的用意之一，是藉此繼續拴住日本，把日本置於從屬的位置；而日本的用意也有轉移美國對它的注意力，麻痺美國的對日警覺，藉中美對抗達到同時牽制兩個對手，進而坐大自己的目的。這就使美國在推行對華遏制政策時不得不留一手，防止日本從中利用。就美國利益的第二點，即保持亞太的繁榮穩定，不丟失巨大的發展機會而言，美國若採取與中國全面對抗的政策，恰恰對它是不利的。中國目前是西太平洋地區最具分量、最有前景的國家之一，丟失了中國，將給美國在亞太的經濟利益帶來嚴重損失，並為美國的競爭對手更多地進入中國市場提供可乘之機。

　　美中之間可觀的共同戰略利益的存在對美國對華遏制戰略構成了最重要的制約，這主要表現在四個方面：一是經濟上互有需要。冷戰後，一國的經濟利益上升為該國最重要的戰略利益，使經濟因素在當代國際關係和一國對外政策中的分量加重。經濟利益、經濟安全大大提高了美中關係在各自戰略棋盤上的分量。二是在維持國際力量均衡方面，美國需要藉助中國來平衡其他的大國力量。三是在保持亞太的穩定和推進區域合作方面，中國是個舉足輕重的因素。四是在解決與西方和美國利益相關的全球性和地區性問題上，需要得到中國的積極配合，例如國際禁毒、抵制伊斯蘭激進勢力的蔓延和威脅、防止核擴散、在聯合國安理會中的協調等等。

　　但美國的遏制戰略並不是中國崛起的唯一外來障礙。

除了美國因素外，中國的崛起環境有其他的複雜層面。閻學通認為崛起環境可從三個方面來看：捲入戰爭或軍事衝突的風險、世界主要國家接受該國崛起的程度、海外經濟利益的擴張速度。

中國必須在崛起道路上規避戰爭和軍事衝突，因為大規模的軍事行動，將耗費大量原本可以用於國內建設的資源。世界主要國家的對華政策，也決定著中國是否能夠和平崛起。不少國家已經對中國的雄心保持警覺，如果中國不能與這些國家保持良好的關係，消除它們的顧慮，其崛起必然受到阻礙。當然，這些國家是否將遏制中國，最終還是取決於利益考慮。這也牽涉到崛起環境的第三方面，即中國的海外經濟利益擴張。中國在出口、技術引進和海外投資等方面的經濟活動，不僅應有利於中國的發展，也應使其他參與國獲得經濟利益。中國海外經濟環境的改善，有賴於這種共贏的局面。

鑒於上述這些考慮，中國的現實主義者認為，必須壓制國內的民族主義運動。這有多重戰略意義：一是防止美國與中國周邊國家共同遏制中國。冷戰後，中國的崛起已經在西方國家和周邊地區引起了一些誤解，認為中國強大之後會稱霸世界，所以“中國威脅論”的市場不斷擴大。這種認識雖然是錯誤的，但中國應充分正視西方主導的世界體系將長期存在這一現實，採取參與的戰略，進入到這個體系中去，而不能因為民族主義情緒而遊離於這個體系之外。遊離國際體系之外的孤立主義政策，容易使中國成為美國的遏制對象，而進入到這個體系之內，中國則能與其他國家尤其是周邊國家發展較多的共同戰略利益。二是有利於中國積極主動地參加亞太地區各種多邊政治和安全機構的活動。如此，即使中國的觀點立場不能成為國際社會普遍原則，至少可以減少不利於中國的國際規則出台。三是使中國外交變得更加積極和具有建設性。參與不是臥薪嘗膽，不是準備將來有一天對在歷史上有負於我國的國家進行報復，而是通過向世界提出更多的有建設性意義的思想，增強中國的影響力，更多地承擔起領導世界走向更美好的未來的責任。

中國的現實主義派還提出，不應去主動挑戰現有的國際體系。中國只能成為區域性大國，不可能成為世界性領導者。要成為世界性大國，不僅取決於經濟、軍事等因素，還有一個價值觀的問題。目前世界上的主流價值觀是西方的價值觀。東方文明能否取代西方文明，世界潮流是否將由西方轉向東方，這種趨勢也決定著中國能否成為世界一流國家。此外，也有學者指出，"搭便車"對中國是不可能的。中國的定位必須是大國，否則沒有出路。中國，做挑戰者沒有資格，也不可能；做純粹的追隨者，也不可取。中國只能在不同的領域選擇不同的戰略。

儘管新民族主義者中的大多數反對現有的國際體系，他們中也有部分人認為應將精力放在國內改革上，這樣才能使中國融入國際體系。這種內部改革包括如下幾點：第一，完善市場經濟體制，這是中國經濟融入世界經濟的必要條件。世界通行的經濟準則即使與中國的利益有所抵觸，也應被尊重和遵循。第二，中國應廢棄傳統的重商主義。國家在中國的主權、社會秩序和市場發展中都起到了重要作用，但不應過多涉入中國在國際上的經濟活動。中國一方面從自由的國際市場獲利，另一方面卻又嚷嚷著要重塑國際經濟秩序，這並不可取。中國應致力於推進自由的國際市場，唯有如此，中國崛起才能對世界體系做出貢獻。第三，對於國家主權的觀念應做些改變。無疑，捍衛國家主權是國家的責任。但榮敬本也指出："在建立國際新秩序方面，同樣必須尊重歷史形成的國家主權，如果去算歷史的老賬，必然引起國際民族糾紛。"任何衝突都會對中國國內的發展和穩定產生極大的負面影響，所以，在爭奪主權時，也應考量國家經濟由此將受到的影響。

煽動人心的民族主義確實常常妨礙決策者的理性思考。不少國外觀察家擔心，中國的外交決策將在新民族

主義的影響下脫離理性的軌道。但實際上，民族主義與理
性選擇並非不可並存。中國民族主義的目標是實現國家富
強。因此，民族主義"熱情"屈從於國家"利益"，前者
並不妨礙中國的決策者為國家做出理性的選擇。

三、自由主義與新民族主義的爭論

　　中國的新民族主義者認為中國不應被整合進由西方所
建立的現有國際體系中，提議通過"反西化"和"反西方
文明"來強化國家認同感，並強調中央集權是中國發展的
先決條件。然而，這些觀點受到了自由主義者和全球主義
者的嚴重挑戰。在自由主義者眼裏，自由主義是超民族的
或超文明的價值體系。民族主義者認為市場化和自由化是
西方文明的產物，因此將中國在 20 世紀 80 年代以後的
改革視為一種西化過程。自由主義者則不這麼看。他們認
為自由主義是人類文明的普適價值，並不是任一文明的獨
有產物，它是中國走向現代化無法拒絕也不應拒絕的價值
觀。如秦暉所言：

　　“自然”的制度優於“人為”的制度，市場經濟優於指令經濟，民主政治優於專制政治，政教分離優於政教合一，信仰自由優於宗教審判，等等（秦暉，1996）。

　　經濟改革帶來個體自由，這不應被視為“西化”。個體自由是一種普適價值，也應是民族主義的目標，束縛公民權的民族主義是不合理的。在個體自由這一點上，各文明之間不存在衝突，實現人的尊嚴和權利是它們共同的終極目標。中國要成為真正的文明大國，就應接受自由主義。

　　合理的民族主義以公民權利的實現為前提。……民族主義所要捍衛的民族利益只能是民族中每個成員個人利益的整合，因而民族利益的體現者只能通過自由公民意志的契約整合程序（即民主程序）產生。任何人不能超越這一程序而自稱為民族利益體現者，並要求別人為他所宣稱的“民族利益”作出犧牲。換句話說，合理的民族主義是以民主主義為前提的（秦暉，1996b）。

　　著名作家劉心武提出，所有國家都應尊重“人類共享文明”，中國作為這一文明的一員也不例外。他談道：

　　這種文明雖然是由一個民族，或幾個民族比較早地創造出來，但是，它有利於推動其他民族的生產力的發展與生活水平的提高，這種文明就叫做人類共享文明。……但我們得坦率地承認，最近幾百年來，西歐和北美為人類這一文明提供的東西更多一些。這些東西既不要去問姓"社"姓"資"，也不要問姓"外"姓"中"，它就是人類共享文明（劉心武，1996）。

　　正像《中國可以說不》一書所體現的，民族主義者對西方文明持強烈的抵制態度，自由主義者則認為對西方說"不"只會拖緩中國自己的發展進程。在許紀霖看來，《中國可以說不》中所表現的一類民間反西方情緒，已經成為近代中國落後的一個主要因素。日本向先進的西方學習治國之道，將自己從受外強欺凌的危境中解救出來。在同樣的危境下，中國的統治者卻試圖利用義和團運動這樣的民族主義運動來抵抗西方。西方文明雖然是隨著殖民主義的擴張來到東方，但兩者並非是一個有機的不可分離的整體。在西方現代文明的多元結構中，既有支持霸權主義的成分，也有抗拒它的成分，不可一概而論。中國需要的是合理的民族主義，向西方學習市場、自由、民主、法治等等"軟實力"。反西方主義只是一種飲鴆止渴,它只能倒過來加劇民族認同的危機本身,而無助於走出現代化與民族主義衝突的傳統困境(許紀霖,1997)。

新民族主義者認為,民族主義是中國實現現代化的前提,並強調缺少了民族主義的現代化將無以使中國強大。而自由主義者則將全球主義視為中國現代化的目標。在他們看來,民族主義過盛會妨礙中國融入世界體系。例如,孫立平就曾指出:

民族主義情緒的興起,以及這種民族主義的情緒在社會生活中的影響的不斷加深,使得一個問題再一次提到我們的面前,這就是中國要不要繼續進入和融入到世界主流文明中去。……在另外的一些國家,民族主義情緒卻成為自我封閉的理由,成為社會與經濟發展的障礙。只要看一下當今的世界,我們就不難看出,一些最旗幟鮮明地堅持民族主義的國家,往往也就是最抗拒現代化的主流文明的國家,有的甚至也就是當今世界上最落後的國家(孫立平,1996a)。

孫立平進一步區分了作為手段的民族主義和作為目標的民族主義。民族主義可以被用作促進社會整合和民族凝聚的手段。但若將民族主義視為目標，則往往會片面誇大本民族某些特質的優越性，並以這樣的優越性來拒斥其他民族文化中有益的東西。就一個正在進行現代化的落後國家來說，前一種意義上的民族主義往往會對現代化起推動的作用，而後一種意義上的民族主義則往往使這個民族的現代化走向歧途，甚至出現對現代化的反動。在這種情況下，能否自覺地選擇世界的主流文明，將自己自覺地融入到這個主流文明中去，並在這個主流文明中成為一個積極而活躍的角色，仍然是中華民族面臨的一個關鍵的抉擇。如果狹隘地以民族主義作為一種基本的標準，由此設定一個國家或社會的發展目標，將會對中國社會的發展造成極為有害的影響（孫立平）。

新民族主義者認為，由西方所主導建立的現有國際規範和準則不符合中國的利益，中國應改革現有的國際體系或至少對一些規則做出調整。相反，自由派則認為現有的國際規則於中國有利。自由派的代表人物李慎之提出，中國應拋棄地緣政治這樣的陳舊概念，接受全球化和相互依存有利於世界各國的事實。對遭受西方列強欺凌的屈辱記憶，很容易使中國的民族主義衍變成沙文主義，而這實際上會阻礙中國崛起。要成為真正的大國，並為世界和平與安全做出貢獻，中國只能接受現有的國際準則。據他所言：

> 在全球化已經成為大趨勢的現實情況下，中國未來可
> 供選擇的現代化道路就不可能是另起爐灶，而是理解全球
> 化的進程更深刻，參與全球化的進程更積極，在全球化進
> 程中提出更高明的指導原則，來推進和提高全球化的進程
> （李慎之，1994）。

無疑，現有的國際政治、經濟和外交準則是在西方幾
個主要國家的主導下制定的，將它們稱作西方文明的產
物並不誇大。但這並不意味著中國就無法從這些準則中
受益。

陳少明認為，中國不能因為自己是發展中國家，就以
國際規則不適應本國國情為理由而拒絕之。其他東亞國家
已經證明，接受這些規則有助於改善國情。

繼《中國可以說不》成為暢銷書之後，新出版的《中
國不當“不先生”》一書贏得了同樣可觀的讀者，它的作
者是中國社會科學院世界經濟與政治研究所的研究員沈驥
如。在這本書中，沈驥如列舉了一組反對“說不”的理
由。他認為，全球主義應成為中國的認同。中國對西方說
不起“不”，也無法拒絕融入現有的國際社會，更不可能

孤立自己或尋求霸權。蘇聯正是因為說 "不" 而最終分崩離析。

　　蘇聯曾試圖謀求世界霸權。它以爭奪和對抗的方式處理國際關係，在聯合國採取了不合作的態度，並拒絕參加國際貨幣基金組織和世界銀行。這些做法嚴重威脅了美國利益，促使它聯合其他西方國家，全面地遏制蘇聯。同時，由於蘇聯的擴張危及了西方的勢力範圍，促使西方進一步加強了反蘇聯的陣線。蘇聯為了取得壓倒美國的軍事優勢，不遺餘力地與美國開展了軍備競賽，耗盡了國力。經濟改革的失敗最終使蘇聯難逃瓦解的厄運。

　　在沈驥如看來，自冷戰以來崛起了四股主要力量：美國、歐盟、俄國和中國。中國應在國際事務中扮演重要的合作者的角色，與其他三股力量共同推進多極世界的形成。儘管堅決反對美國的霸權，中國也須承認美國在世界政治中的重要角色，與美國真誠合作，以保障自身的安全利益。如此，美國才不會將崛起中的中國視作其全球利益的威脅。

　　沈驥如還提出，中國應在國際經濟事務中顧及西方的經濟利益。合作可以帶來雙贏局面，適當做些讓步並不會使中國的尊嚴受損。中國在得利於國際經濟合作的同時，也應尊重國際貿易機制的規則。更重要的是，中國不應坐等被拉入國際體系。中國在亞太經合組織等國際組織的表現，展示了中國主動融入國際體系的意願和努力，應得到肯定和鼓勵。

針對中國國內的政治體制，自由派對民族主義者提出了更激烈的挑戰。新民族主義者支持國家主義，認為只有將權力重新收歸於中央才能振興中國。自由派則支持通過政治改革來實現民主制，在他們看來，國家主義和中央集權會削弱國力。

20 世紀 80 年代末，中國官學兩界展開了關於新權威主義的討論。新權威主義的支持者認為，中央權威是推進中國經濟體制改革的關鍵，提出實行新權威統治。自由派則堅持，民主制才是中國的政改方向。20 世紀 90 年代的東歐劇變讓中國的知識分子深切認識到穩定的重要性，他們不再談民主化和激進的改革。但隨著新民族主義的興起，這一論爭又被擺到台面上。

事實上，自由派並不排斥中央集權，但他們認為中國走向富強的基石應是民主而非民族主義。他們指出，近代中國的民族主義興起於亡國滅種的危境中，但既然現在已經實現了國家獨立和民族解放，就應將重心轉向民主和人權。李澤厚、王德勝談到：

又例如社會秩序問題，在某種意義上，我主張集權，中央要有很大的權威，要有一個強有力的中央政府。假使地方權力太大，完全不聽中央，那最後就必然是打內戰，因為各個地方都有自己的利益，沒有一個強有力的中央來調節、控制，地方利益衝突起來，那還得了。……"新權威主義"要把集權固定下來，我卻認為還是要向民主制度過渡（李澤厚、王德勝，1994）。

陳少明對新民族主義大加反對。他指出，民族主義聲稱維護、爭取國家利益就是為了民族利益。但事實上，國家利益和民族利益未必等同。他以納粹德國為例來論證這一觀點：

以第二次世界大戰為例，法西斯與反法西斯主義的國家都聲稱為民族利益而戰，其時國家意志都凌駕於個人利益之上。但結果是，有些國家利益與民族利益是一致的，有些是背離。納粹時代的德國，國家犧牲了人民，即最終損害了德意志民族的利益。民族主義很容易……演化為國家主義。……在和平的年代裏，如果我們熱衷於強調國家意志的話，那只有一種選擇，就是從市場經濟退回到計劃經濟（陳少明，1996）。

　　國家主義的支持者認為中央須牢牢控制財權。自由派並不反對中央掌握財權，但他們提醒不對權力加以約束就會導致權力被濫用。將權力集中到中央應以對中央權力進行制度約束為前提（張曙光，1995）。

　　當政者不能以抵制普適價值為代價來鞏固政權或促進民族團結。沒有內部競爭機制（民主）的保障，任何政治系統都會走向末路。張曙光（1995）指出，蘇聯有先進的武器，人民對國家也有信心，但最終還是分崩離析了。顯然，張曙光是借用蘇聯的例子來告誡民族主義的危害。只有實行民主，使民眾參與政治事務，中國才有望成為強國。陳少明談到：

　　以民族主義進行社會動員是有條件的，一般是民族危機時期，它才對社會有感召力。……但一旦這種危機消失，社會複又一盤散沙。……如果（民眾）沒法將自己的切身利益同有組織的行為聯繫起來，對任何政治動員的反應自然冷淡。……要提高社會動員的效率，從長遠看，切實的措施是通過改革，提高民眾參與政治事務以表達其願望的機會（陳少明，1996）。

　　沈驥如認為，中國不僅應在經濟體制上與世界接軌，也應在政治和社會制度上向美國學習。美國之所以能夠成為世界第一強國並保持住這一地位，除了國力和財富，更重要的是制度因素使然，它的自由和包容吸引了世界各地的頂級人才（沈驥如，1998：351）。沈驥如也看到，資本主義社會並非一成不變，資本主義和中國特色的社會主義的共通性越來越明顯。因此，中國應該歡迎之前一直排斥的"和平演變"，它有助於中國社會的進步。

　　筆者在第二章中提到，中國近代史上關於民族主義的討論，圍繞著三種主權類型展開：民族的、國家的和人民的。國家主權論和人民主權論者都尋求強大的國家，但就如何建立強大的國家看法不同。他們的分歧在 20 世紀 80 年代以後依然存在，兩派都在政壇和社會各界有著各自的擁護者。無疑，新民族主義的發展受限於自由派的抵制。從對抗西方到與之合作，中國社會對國家利益的理解的轉變受到了全球主義的推動。

四、中國正在擁抱這個世界

　　20 世紀 90 年代初，白魯恂在審視了中國民族主義的發展軌跡後總結道：中國的精英在否定中華文明和將其浪漫化兩個極端間搖擺不定。其他發展中國家的文明正在努力嘗試向傳統注入現代元素，從而產生出新的民族主義，而中國似乎更願意固守傳統，這正是出於對中華文明的浪漫情結。

　　看到今日中國的景象，白魯恂一定會同意他當初的結論過於草率了。幾十年的改革開放讓中國漸漸融入世界，而目前的國際環境，也是自中華人民共和國成立以來最有利於中國發展的。和平的國際環境和與他國的緊密聯繫讓中國人對世界的看法改變了。當普通中國人接觸到越來越開放的外界信息，他們對世界大事的了解也會更加客觀和深入。1996 年，《中國青年》在中國五大城市（北京、上海、廣州、武漢和哈爾濱）對民眾如何看待國家對外開放的程度展開了調查。調查顯示，在五個城市居民中，很關心國際新聞者佔 56.5%；不關心者佔 5.1%。

　　從封閉走向開放，中國社會的改變對中國人的觀念產生了兩方面的影響。首先，中國人對世界秩序的看法變得更為多元了。當上述調查中的五個城市居民被問及中國目前在世界上的地位時，有兩種觀點的贊成者的比例比較接近，即特殊地位論——"中國的文化悠久，具有它特殊的世界地位"（32.8%）和地位未定論——"中國正在改革和發展中，它在世界上的地位還不好判斷"（30.0%）；其次為潛在市場論——"中國僅僅在經濟上被其他國家作為一個很有發展前景的大市場來看"（16.9%）和世界強國論——"中國在政治、經濟和文化的力量已成為世界上最強大的國家之一"（13.1%）；持落後國家論——"中國現在是世界上的一個落後國家，沒有什麼特殊重要作用"者的比例為 2.7%（零點調查公司等，1997：32-33）。大多數居民看好融入世界對國家發展的影響，並認為中國應向西方學習。其次，在向西方學習一事上，中國人也變得更為理性。他們不再盲目崇拜西方，開始有選擇地吸取各國所長，以為中國特色的現代化所用。

在這一背景下，新民族主義和自由主義（全球主義）之間的關係便能得到更好的理解。顯然，"抗議"介於"效忠"和"退出"之間。中國不會完全接受現有的國際體系，也不會拒斥它。

"抗議"戰略契合中國民族主義爭取民族獨立和主權的主旨。在中國近代史上，民族主義是中國對西方帝國主義凌辱的反抗。中國的政治精英希望藉助民族主義來重拾獨立的民族主權、民族尊嚴和中國的大國地位。始自孫中山，民族主義就尋求中國作為大國應有的國際地位（見第二章），目前的新民族主義亦如此。對於孫中山等民族主義者來說，中國可以通過表達不滿而非建立一個以己為中心的新的國際體系，來爭取與其他大國平等的地位。換句話說，"合作的方式"比"對抗的方式"更有利於中國的國家利益。1949年中華人民共和國成立以後，中國成為蘇聯的親密夥伴。50年代末，中蘇關係惡化，毛澤東試圖帶領中國重建國際秩序。1972年，中美關係正常化，中國的外交政策發生了大轉向，開始聯美抗蘇。自此，中國不再拒斥西方主導的國際體系，並努力融入之。即使20世紀80年代以後出現了新民族主義，這一積極融入世界的大方向也沒有改變。

冷戰結束後，中國的領導人一再強調應建立更有利於中國利益的新國際秩序，而這一"新國際秩序"的一個主要方面，就是推進中國作為獨立主權國家的地位。值得注意的是，在正式場合和文件中，中國的政治精英很少用"新世界秩序"一詞，而是以"新國際秩序"來表達他們對世界政治的看法。在中國人看來，"世界秩序"一詞帶有霸權的意味，美國作為霸主是這一秩序的主要推動者。"新世界秩序"以合作解決世界問題之虛，行干預國家主權之實。反之，"新國際秩序" 意味著各個主權國家是這一秩序的獨立單元，而這一秩序的初衷也是為了保持這些國家的獨立和主權。

中國並不需要以革命的方式來建立這樣的新國際秩序。中國要做的是發出不滿的聲音，以期對現有的國際秩序進行改革。西方特別是美國在國際事務中的重要性有目共睹。隨著蘇聯的瓦解，兩極格局結束了，世界正在走向多極化。中國人很清楚，儘管中國可以成為一 "極"，但美國的世界領袖地位不可動搖。資深國際問題專家何方坦言："美國確實擁有政治、經濟、軍事、科技的全面優勢。" 更重要的是，中國的分析家也承認，在所有這些方面，美國是中國現代化的參照標準，這也正是中國的政治精英一再強調中美合作重要性的心理基礎。

1993 年底，中共中央辦公廳和中央軍委辦公廳舉辦了國際形勢發展研討會。根據香港方面對此次會議的分析報告，逾六成與會者把日本看成頭號敵人，三成認為美國仍是主要敵手，約一成與會者認為俄羅斯將成為危險敵手。如前所述，不少中國人認為新的日美軍事聯盟意在遏制中國。但隨著日本稱霸東亞的野心日漸彰顯，中國認識到美國介入東亞事務可以平衡日本勢力。據美國高校的一位中國博士生的研究分析，中國官方認可美國的世界領導者地位，有 40% 的政治精英在不同程度上表示“贊成或支持美國領導世界”，這是因為：首先，國際體系需要一個領導者。其次，與其他更為危險的野心國相比，美國溫和得多。1995 年，李登輝訪美在中國激起了強烈的民族主義情緒，但中國官方對此事處理謹慎，以防引致任何於中美關係不利的結果。誠然，中國官方在不同場合表達對西方的不滿，但也盡量避免與西方尤其是美國的任何直接衝突。

值得注意的是，一旦西方國家尤其是美國對中國示好，中國的民族主義情緒就會有所平復。如本書第六章所呈現的，中國有融入世界的意願，也希望改善與他國的關係，這些都反映在中美關係和中國與亞洲鄰邦關係的轉變上。在國際事務中，中國政府也顯示出合作的誠意。在與美國總統克林頓的會晤中，江澤民主席做出承諾，中國將批准 1966 年獲聯合國大會通過的《經濟、社會、文化權利國際公約》（ICESCR）。1998 年 3 月 13 日，北京方面聲稱中國政府已於 1997 年 10 月簽署了《經濟、社會、文化權利國際公約》，儘管據媒體推測真正的簽署日期可能是 1998 年 4 月的某一天。同時，中國政府也宣佈將簽署《公民權利和政治權利國際公約》（ICCPR），該公約於 1966 年由聯合國大會通過，1976 年生效。由於中國曾堅決抵制這兩項國際公約，中國如今的表現令外界驚訝。但若考慮到成為“大國俱樂部中的一員”是幾個世紀以來的中國夢，中國為此做出改變也在情理之中。

中國不僅積極融入世界，也在區域秩序中承擔起大國的責任。在 1997 年的亞洲金融危機中，中國為國際貨幣基金組織向泰國提供的一攬子救濟計劃捐獻了 10 億美元。中國政府還堅持人民幣不貶值，防止了亞洲貨幣的新一輪貶值。而中國這樣做，按照朱鎔基的話說，是因為中國對亞洲地區的經濟穩定負有責任。

隨著蘇聯的瓦解和冷戰的結束，中國和西方都失去了國家戰略的舊有基礎，在調整對外行為以適應新的國際環境上遇到了許多困難。失去了蘇聯這個共有的敵人，中國和西方還未找到足夠堅實的新的合作基礎。雙方的利益，無論是物質的還是文化的，都面臨著嚴重的衝突。

中國在經濟上迅速崛起，蘇聯的瓦解忽然將它推到一個特殊的歷史機遇前。這是自清末以降，中國第一次有望成為國際社會中的重要力量，一洗百年恥辱。隨著經濟實力的增強，中國的國際地位提升了。在國際事務中，中國也扮演著重要的角色。這些都讓中國的民族主義者強烈要求，改變由西方主導建立的於中國利益有諸多不利的現有國際體系，甚至建立一個全新的體系。中國的戰略家也認為，在國際體系中佔據主導地位將極大地有利於中國。對於中國國內的情況，民族主義者目睹了以分權為導向的現代化對國家的影響，提出應藉助民族主義來樹立新的國家認同，反西化是這一時期中國民族主義的主題。此外，經濟上的成就也讓中國人對自己的文明和傳統恢復了自信。儒家思想不再被視為現代化的障礙。以西化為導向的現代化給中國帶來了各種"疾病"，儒家思想是治療這些疾病的良方。而為了復興儒學，必須展開抵制西方文明的運動。從以上這些方面來看，中國很有可能變得民族主義化。

但中國的外交政策不會是民族主義的。中國的新民族主義是反應性的。中國的當政者很清楚落後就要挨打，而以落後之資窺霸主之位更是癡人說夢，因此將提高國家的綜合國力作為重中之重。中國願意接受不觸犯中國利益的國際準則，也願意在大是大非的國際問題上做出適當妥協，因為友好的國際環境有利於國內發展。當然，中國主張根據變化後的全球勢力格局相應地建立國際政治、經濟新秩序，但這並不意味著中國會動用原本用於國內建設的資源來進行這種國際革命。相反，大部分中國人認為中國應該通過積極參與來融入現有的國際體系。中國人關心中國的國際和區域地位，但也談中國對推進全球和區域和平與安全的"責任"。但中國不能容忍西方用現有的國際規則來遏制中國的發展，因此採取"抗議"戰略。王緝思指出，美國試圖迫使中國圍著它轉……一旦美國將本國的意志強加於中國，兩國就會產生摩擦。

　　一個強大的中國，對中國自身和對國際社會來說，究竟意味著什麼？從美國方面來看，隨著蘇聯的解體，中國不再是戰略合作夥伴。美國成為唯一的超級大國，從地緣政治的舊有觀念來看，它沒有理由再與中國保持友好關係。中美間的戰略合作基礎一旦瓦解，就注定在安全、貿易、人權、台灣、香港、西藏等問題上發生嚴重衝突。此外，西方一部分人在 20 世紀 80 年代認為，改革會將中國變成一個經濟自由化和政治民主化的國家，西方價值觀也將盛行於中國。但事態發展並非如他們所願。冷戰結束後不久，西方又有人預言中國將步蘇聯之後塵成為民主國家。但他們的期望又落空了。於是，這些西方人開始恐懼中國的崛起，害怕一個強大的異己的中國成為西方的嚴重威脅。但中國已經在經濟上取得了傲人成績，必將成為區域乃至世界的霸主，西方能做的只能是遏制其進一步發展。這正是 20 世紀 90 年代初"中國威脅論"的發生邏輯。如何減輕甚至消除中國的威脅，成為西方的棘手大事，他們提出了"圍堵中國"和"分裂中國"等理論。

　　但是，想要遏制中國的崛起並非易事。西方的阻撓或許將使中國的崛起速度在後二三十年放緩，卻無法使其停止。這是因為，中國國內蘊藏著巨大的幹勁和能量。如新加坡總理吳作棟並不認為中國的發展可以被遏止。巨人已然出瓶，再也塞不回去。即使沒有外力幫助，中國國內的活力也足以使它發展壯大。

　　而西方對中國的不友善和遏制，激起了中國人強烈的民族主義情緒。這說明，中國民族主義的誘因不是中國國內的發展，而是外來刺激。儘管中國民間的新民族主義風起雲湧，當政者卻對此保持冷靜。中國政府並不願意看到國家的高速現代化受到任何外來因素的負面影響。當然，這便意味著政府要面對來自國內民族主義的壓力。中國的民族主義是否無害，取決於中西間的關係，取決於西方是否能逐步接納和適應中國的崛起。歷史將證明，持續接觸而不是遏制中國不僅可以緩和其民族主義，也將使中國更好地融入世界。

參考文獻

中文

- 卞悟：《淮橘為枳，出局者迷》，《二十一世紀》1996 年 2 月號，第 4—17 頁。

- 陳鋒等：《中美大較量》（兩卷本），中國人事出版社 1996 年版。

- 陳峰君：《論東亞成功的綜合要素：東亞經濟民族主義》，《中國社會科學季刊》1996 年夏季號，第 88—99 頁。

- 陳良潮：《大陸科技發展研究》，中華經濟研究院 1993 年版。

- 陳瑞雲：《現代中國政府》，吉林文史出版社 1988 年版。

- 陳少明：《民族主義：復興之道？》，《東方》1996 年第 2 期，第 74—76 頁。

- 陳文如：《銀河號調查紀實》，《瞭望》1993 年第 37 期，第 4—5 頁。

- 陳元：《我國經濟的深層問題與選擇》，內參，1991 年 3 月。

- 程明：《東亞模式的魅力》，《戰略與管理》1994 年第 2 期，第 18—27 頁。

- 楚樹龍：《中美關係面臨戰略選擇》，《現代國際關係》1996 年第 11 期，第 2—7 頁。

- 崔之元：《制度創新與第二次思想解放》，《二十一世紀》1994 年 8 月號，第 5—15 頁。
- 崔之元：《中國實踐對新古典主義經濟學的挑戰》，《香港社會科學學報》1995 年 7 月專號，第 1—33 頁。
- 崔之元：《鞍鋼憲法與後福特主義》，《東方》1996（a）年第 3 期，第 11—21 頁。
- 崔之元：《毛澤東"文革"理論的得失與"現代性"的重建》，《香港社會科學學報》1996（b）年第 7 期，第 49—74 頁。
- 鄧小平：《精簡軍隊，提高戰鬥力》，《鄧小平文選》（第二卷），人民出版社 1994 年版，第 284—290 頁。
- 鄧小平：《視察江蘇等地回北京後的談話》，《鄧小平文選》（第三卷），人民出版社 1993（a）年版，第 24—26 頁。
- 鄧小平：《穩定世界局勢的新辦法》，《鄧小平文選》（第三卷），人民出版社 1993（a）年版，第 49—50 頁。
- 鄧小平：《一個國家，兩種制度》，《鄧小平文選》（第三卷），人民出版社 1993（a）年版，第 58—61 頁。
- 鄧小平：《在中央顧問委員會第三次全體會議上的講話》，《鄧小平文選》（第三卷），人民出版社 1993（a）年版，第 83—93 頁。
- 鄧小平：《目前的形勢和任務》，《鄧小平文選》（第二卷），人民出版社 1994 年版，第 224—258 頁。
- 鄧小平：《和平和發展是當代世界的兩大問題》，《鄧小平文選》（第三卷），人民出版社 1993（a）年版，第 104—106 頁。
- 鄧小平：《在軍委擴大會議上的講話》，《鄧小平文選》（第三卷），人民出版社 1993（a）年版，第 126—129 頁。
- 鄧小平：《改革開放使中國真正活躍起來》，《鄧小平文選》（第三卷），人民出版社 1993（a）年版，第 232—235 頁。

- 鄧小平:《發展中美關係的原則立場》,《十一屆三中全會以來重要文獻選讀》(第一卷),人民出版社 1987 年版,第 264—268 頁。

- 鄧小平:《鄧小平同志重要講話》,人民出版社 1988 年版。

- 鄧小平:《社會主義中國誰也動搖不了》,《鄧小平文選》(第三卷),人民出版社 1993 (a) 年版,第 328—329 頁。

- 鄧小平:《結束嚴峻的中美關係,要由美國採取主動》,《鄧小平文選》(第三卷),人民出版社 1993 (a) 年版,第 330—333 頁。

- 鄧小平:《堅持社會主義,防止和平演變》,《鄧小平文選》(第三卷),人民出版社 1993 (a) 年版,第 344—346 頁。

- 鄧小平:《國家的主權和安全要始終放在第一位》,《鄧小平文選》(第三卷),人民出版社 1993 (a) 年版,第 347—349 頁。

- 鄧小平:《中美關係終歸要好起來才行》,《鄧小平文選》(第三卷),人民出版社 1993 (a) 年版,第 350—351 頁。

- 鄧小平:《國際形勢和經濟問題》,《鄧小平文選》(第三卷),人民出版社 1993 (a) 年版,第 353—356 頁。

- 鄧小平:《中國永遠不允許別國干涉內政》,《鄧小平文選》(第三卷),人民出版社 1993 (a) 年版,第 359—361 頁。

- 鄧小平:《善於利用時機解決發展問題》,《鄧小平文選》(第三卷),人民出版社 1993 (a) 年版,第 363—365 頁。

- 鄧小平:《在武昌、深圳、上海等地的談話要點》,《鄧小平文選》(第三卷),人民出版社 1993 (a) 年版,第 370—383 頁。

- 鄧小平:《鄧小平關於新時期軍隊建設論述選編》,八一出版社 1993 (b) 年版。

- 鄧英淘、苗壯、崔之元:《南街村經驗的思考》,《戰略與管理》1996 年第 3 期,第 14—24 頁。

- 中國青年報思想理論部:《蘇聯巨變之後中國的現實應對與戰略選擇》,內參,1991 年 9 月 9 日。
- 狄昂照等:《國際競爭力》,改革出版社 1992 年版。
- 刁田丁等:《中國地方國家機構概要》,法律出版社 1989 年版。
- 丁金宏、羅祖德:《論我國區域經濟發展與行政區劃體制改革》,國務院發展研究中心,內參,1993 年。
- 董立文:《中共的全球戰略與中國威脅論》,《中國大陸研究》1996 年第 9 期,第 27—46 頁。
- 董秀玲:《綜合國力理論研究綜述》,《學術研究動態》1991 年第 9 期,第 2—5 頁。
- 董正華:《民族主義與國家利益》,《戰略與管理》1994 年第 4 期,第 26—27 頁。
- 觀察家:《謹防冷戰思維抬頭——駁遏制中國論》,《人民日報》1996 年 1 月 26 日。
- 方生:《對外開放和利用資本主義》,《人民日報》(海外版) 1992 年 2 月 23 日。
- 甘陽:《江村經濟再認識》,《東方》1994 年第 10 期,第 121—147 頁。
- 葛劍雄:《民族主義是救國靈丹?》,《亞洲週刊》1996 年 4 月 21 日,第 14 頁。
- 90 年代中美德日印五國綜合國力比較與預測課題組:《五國綜合國力比較與預測》,《中國國情國力》1995 年第 3 期,第 43—44 頁。
- 顧德欣、黃琦:《國家實力的特性、評估與運用》,《戰略與管理》1996 年第 5 期,第 57—65 頁。

- 何方：《世界格局與國際形勢》,《世界經濟與政治》1991 年第 11 期,第 3—7 頁。

- 何方：《下世紀初中國國際環境的若干思考》,《戰略與管理》1995 年第 3 期,第 86—93 頁。

- 何高潮、羅金義：《知識的本質是開放的》,《香港社會科學學報》專號 1995 年 7 月號。

- 何新：《何新政治經濟論文集》,黑龍江教育出版社 1993 年版。

- 何新：《中華復興與世界未來》(兩卷本),四川人民出版社 1996 年版。

- 胡鞍鋼：《省地級幹部眼中的東西部差距》,《戰略與管理》1994 年第 5 期,第 88—90 頁。

- 胡鞍鋼：《分稅制：評價與建議》,《戰略與管理》1996 年第 5 期,第 1—9 頁。

- 胡偉：《中國發展的"比較優勢"何在？——超越純經濟觀點的分析》,《戰略與管理》1995 年第 5 期,第 69—78 頁。

- 黃碩風：《馬年新春話國力》,《人民日報》1990 年 2 月 26 日。

- 黃碩風：《綜合國力論》,中國社會科學出版社 1992 年版。

- 江凌飛：《美國對華遏制戰略的制約因素和可能的走向》,《戰略與管理》1996 年第 5 期,第 46—50 頁。

- 江時學：《拉美、東亞發展模式的比較與啟示》,《戰略與管理》1995 年第 5 期,第 58—68 頁。

- 江澤民：《愛國主義和我國知識分子的使命》,《人民日報》1990 年 5 月 4 日,第 1—3 版。

- 江澤民：《在慶祝中國共產黨成立七十週年大會上的講話》,《人民日報》1991 年 7 月 2 日,第 1—3 版。

- 江澤民：《加快改革開放和現代化建設步伐，爭取有中國特色社會主義事業的更大勝利》，《人民日報》1992 年 10 月 21 日。

- 江澤民：《領導幹部一定要講政治》，《人民日報》1996 年 1 月 17 日，第 1—2 版。

- 金帛：《駁"中國威脅論"》，《中國國防報》1996 年 1 月 5 日。

- 康曉光：《中國現代化的脈絡與出路》，《戰略與管理》1994 年第 1 期，第 10—12 頁。

- 雷頤：《三十年代"新式獨裁"與"民主政治"的論戰》，《東方》1995 年第 3 期，第 26—30 頁。

- 李建永：《挑戰與機遇：一個引人注目的話題》，《戰略與管理》1995 年第 6 期，第 23—25 頁。

- 李慎之：《全球化時代中國人的使命》，《東方》1994（a）年第 5 期，第 13—18 頁。

- 李慎之：《從全球化時代看中國的現代化問題》，《戰略與管理》1994（b）年第 1 期，第 5—6 頁。

- 李慎之：《全球化與中國文化》，《太平洋學報》1994（c）年第 2 期，第 3—11 頁。

- 李石生：《關於國際新秩序幾個問題的討論》，《世界經濟與政治》1992 年第 10 期，第 43—44 頁。

- 李天然：《關於綜合國力問題》，《國際問題研究》1990 年第 2 期，第 52—58 頁。

- 李文浩：《中美首腦會議將對世界未來產生重大影響》，《瞭望》1997 年第 43 期，第 45 頁。

- 李希光、劉康：《妖魔化中國背後》，中國社會科學出版社 1997 年版。

- 李澤厚、王德勝：《關於文化現狀、道德重建的對話》（一）、（二），《東方》1994 年第 5、6 期，第 69—73、85—87 頁。
- 林毅夫、蔡昉、李周：《中國的奇跡：發展戰略和經濟改革》，上海三聯書店、上海人民出版社 1994（a）年版。
- 林毅夫、蔡昉、李周：《對趕超戰略的反思》，《戰略與管理》1994（b）年第 6 期，第 1—12 頁。
- 林毅夫、蔡昉、李周：《趕超戰略的再反思及可供替代的比較優勢戰略》，《戰略與管理》1995 年第 5 期，第 1—10 頁。
- 林毅夫、蔡昉、李周：《資源結構升級：趕超戰略的誤區——對“比較優勢戰略”批評的幾點回應》，《戰略與管理》1996 年第 1 期，第 35—45 頁。
- 零點調查公司等：《觀察中國》，工商出版社 1997 年版。
- 劉靖華：《二十一世紀 20—30 年代中國崛起以及外交戰略選擇》，《戰略與管理》1994 年第 3 期，第 119—120 頁。
- 劉軍、李林（編）：《新權威主義》，北京經濟學院出版社 1989 年版。
- 劉力群：《出口導向型經濟發展模式不適合中國國情》，《戰略與管理》1994 年第 2 期，第 43—46 頁。
- 劉心武：《確立人類共享文明觀念》，《東方》1996 年第 6 期，第 21—25 頁。
- 劉雲山：《把“愛國主義教育實施綱要”落到實處》，《人民日報》1994 年 9 月 7 日，第 3 版。
- 羅榮渠：《走向現代化的中國道路：有關近八年中國大變革的一些理論問題》1996 年冬季卷，第 43—53 頁。
- Mahathir Mohamed：《東亞國家並不認為中國對安全構成威脅》，

《聯合早報》1996 年 12 月 5 日。

- 毛澤東:《論十大關係》,人民出版社 1976 年版。

- 閔琦:《中國政治文化》,雲南人民出版社 1989 年版。

- 《明報》:《李鵬:承認美國實力,反對主導世界》,1998 年 2 月 5 日。

- 怒潮:《民情軍心推動,北京保釣升溫》,《亞洲週刊》1996 年 9 月 16—22 日,第 24—28 頁。

- 潘曉:《人生的意義究竟是什麼?》,《七十年代》1981 年第 1 期,第 82—85 頁。

- 龐樸:《"文明"界說》,《戰略與管理》1996 年第 4 期,第 92—95 頁。

- 皮明勇:《民族主義與儒家文化》,《戰略與管理》1996 年第 2 期,第 51—57 頁。

- 新華社政治編輯室(編):《十四大會內會外》,華齡出版社 1992 年版。

- 中共中央宣傳部文化藝術局影視處(編):《河殤的誤區——從河殤到五四》,江西人民出版社 1990 年版。

- 錢其琛:《1993:世界開始重新認識中國》,《人民日報》1993 年 12 月 5 日。

- 秦暉:《關於"新野蠻政府論"與文明政府之路——與盛洪先生商榷》,《戰略與管理》1996(a)年第 4 期,第 96—101 頁。

- 秦暉:《自由主義與民族主義的契合點在哪裏?》,《東方》1996(b)年第 3 期,第 45—48 頁。

- 綜合國力比較研究課題組:《對中國綜合國力的測度和一般分析》,《中國社會科學》1995 年第 5 期,第 4—19 頁。

- 《人民日報》1979 年 5 月 18 日。

- 《人民日報》1980 年 6 月 10 日。

- 《人民日報》1988 年 1 月 30 日。

- 《人民日報》1990 年 2 月 26 日。

- 《人民日報》1991 年 7 月 2 日。

- 《人民日報》:《愛國主義教育實施綱要》,1994(a)年 9 月 6 日, 第 3 版。

- 《人民日報》:《中國發展有利於世界和平與進步——駁 "中國威脅論"》1995 年 12 月 22 日,第 1 版。

- 榮敬本:《建立國際政治經濟新秩序是解決民族問題的根本途徑》,《戰略與管理》1994 年第 3 期,第 2—6 頁。

- 沈驥如:《中國不當 "不先生"》,今日中國出版社 1998 年版。

- 沈立人、戴園晨:《我國 "諸侯經濟" 的形成及其弊端和根源》, 《經濟研究》1990 年第 3 期,第 10—20 頁。

- 沈明室:《改革開放後的解放軍》,慧眾文化出版社 1995 年版。

- 盛洪:《什麼是文明?》,《戰略與管理》1995 年第 5 期,第 88—98 頁。

- 盛洪:《從民族主義到天下主義》,《戰略與管理》1996(a)年第 1 期,第 14—19 頁。

- 盛洪:《經濟學怎樣挑戰歷史》,《東方》1996(b)年第 1 期, 第 49—55 頁。

- 施魯佳:《共譜中美關係的新篇章》,《瞭望》1997 年第 45 期, 第 43 頁。

- 時殷弘:《國際政治的世紀性規律以及對中國的啟示》,《戰略與管理》1995 年第 5 期,第 1—3 頁。

- 時殷弘:《西方對非西方:當今美國對華態度的根本原因》,《戰略與管理》1996(b)年第 3 期,第 8—9 頁。

- 石中：《中國現代化面臨的挑戰》，《戰略與管理》1994 年第 1 期，第 7—9 頁。

- 石中：《不應把比較優勢的邏輯推向極端》，《戰略與管理》1996 年第 2 期，第 98—100 頁。

- 宋強、張藏藏、喬邊：《中國可以說不》，中華工商聯合出版社 1996 年版。

- 國家科學技術委員會：《中國科學技術政策指南》（1—5 卷），科學技術文獻出版社 1986、1992 年版。

- 孫立平：《匯入世界主流文明——民族主義三題》，《東方》1996（a）年第 1 期，第 15—19 頁。

- 孫立平：《〈什麼是文明〉的演繹邏輯與討論語境》，《戰略與管理》1996（b）年第 2 期，第 87—93 頁。

- 孫中山：《孫中山全集》（第九卷），中華書局 1986 年版。

- 唐天日：《中美日三角必須平衡》，《瞭望》1996 年第 23 期，第 44 頁。

- 天元（編）：《日本新陰謀》，明鏡出版社 1997 年版。

- 《大公報》：《中華人民共和國國民經濟和社會發展 "九五" 計劃和 2010 年遠景目標的綱要》，1996 年 3 月 20 日。

- 汪暉：《文化批判理論與當代中國民族主義問題》，《戰略與管理》1994 年第 4 期，第 17—20 頁。

- 王建、裴小林：《我國的產業結構外貿發展戰略》，《對外經貿研究》1988 年第 1 期，第 20—28 頁。

- 王緝思：《文明與國際政治：中國學者評亨廷頓的文明衝突論》，上海人民出版社 1995 年版。

- 王銘銘：《文化想象的力量——讀薩伊德著〈東方學〉》，《中國書評》卷 6（1995 年 7 月），第 5—18 頁。

- 王紹光：《建立一個強有力的民主國家》，《當代中國研究中心論文》第 4 期（1991 年 2 月）。

- 王紹光：《分權的底線》，《戰略與管理》1995 年 2 月，第 37—56 頁。

- 王紹光、胡鞍鋼：《中國國家能力報告》，遼寧人民出版社 1993 年版。

- 王穎：《新集體主義與中國特色的市場經濟》，《二十一世紀》1994 年第 25 期，第 11—14 頁。

- 衛大匡、高梁：《投資海外，帶動出口——對“國際大循環”經濟戰略構想的補充》，《經濟日報》1988 年 1 月 19 日。

- 兀索葦：《大陸新左派思潮及其興起》，《聯合報》（台灣）1996 年 9 月 8 日，第 9 版。

- 未羊：《日本向何處去》，《瞭望》1996 年第 45 期，第 45 頁。

- 吳國光：《圍堵鄧後中國》，《中國時報週刊》第 193 期（1995 年 9 月 10—16 日），第 8—9 頁。

- 吳國光、鄭永年：《論中央地方關係》，牛津大學出版社 1995 年版。

- 吳稼祥、張炳九：《激進民主還是穩健民主？》，載劉軍、李林編：《新權威主義》，北京經濟學院出版社 1989 年版，第 27—33 頁。

- 吳炳：《評美國“全面遏制中國”論》，《現代國際關係》1996 年第 11 期，第 8—11 頁。

- 吳越濤、張海洋：《外資能否吞併中國——中國民族產業向何處去》，企業管理出版社 1997 年版。

- 席來旺：《美國對日安全戰略的重大調整》，《現代國際關係》1996 年第 6 期，第 7—9 頁。

- 蕭功秦：《論當代中國浪漫改革觀：對“制度決定論”的批評》，《知識分子》1989 年，第 69—72 頁。

- 蕭功秦：《走向成熟：對當代中國政治改革的反省與展望》，《北京青年報》1993 年 5 月 13 日，第 3 版。

- 蕭功秦：《東亞權威政治與現代化》，《戰略與管理》1994（a）年第 2 期，第 28—34 頁。

- 蕭功秦：《民族主義與中國轉型時期的意識形態》，《戰略與管理》1994（b）年第 4 期，第 21—25 頁。英文翻譯版見 *Chinese Economic Studies*, 28: 2 (March-April 1995: 15-31)。

- 蕭功秦：《中國民族主義的歷史與前景》，《戰略與管理》1996（a）年第 2 期，第 58—62 頁。

- 蕭功秦：《思考中國變革中的激進主義》，《明報》1996（b）12 月 9 日。

- 蕭功秦、朱偉：《痛苦的兩難選擇：關於“新權威主義”理論的答問錄》，《文匯報》1989 年 1 月 17 日。

- 謝益顯編：《當代中國外交史》，中國青年出版社 1997 年版。

- 邢世忠：《“中國威脅論”可以休矣》，《求是》1996 年第 3 期，第 16—20 頁。

- 許紀霖：《反西方主義與民族主義》，載許紀霖：《尋求意義：現代化變遷與文化批判》，上海三聯書店 1997 年版，第 290—297 頁。

- 徐信、方知：《到底誰威脅誰》，《瞭望》1996 年第 8—9 期，第 48—49 頁。

- 徐友漁：《是經濟學挑戰歷史，還是邏輯代替經驗事實》，《戰略與管理》1996 年第 2 期，第 94—97 頁。

- 《亞洲週刊》1994 年 9 月 18 日。

- 《亞洲週刊》1996（a）年 8 月 4 日。

- 《亞洲週刊》1996（b）年 9 月 16—22 日。

- 《亞洲週刊》1996（c）年 9 月 30 日—10 月 13 日。

- 《亞洲週刊》1996（d）年 10 月 7—13 日

- 《亞洲週刊》1996（e）年 10 月 14—20 日。

- 顏長江：《廣東大裂變》，暨南大學出版社 1993 年版。

- 閻學通：《中國崛起的可能選擇》，《戰略與管理》1995 年第 6 期，第 11—14 頁。

- 閻學通：《中國安全戰略的發展趨勢》，《瞭望》1996（a）年第 8—9 期，第 51—52 頁。

- 閻學通：《國家利益的判斷》，《戰略與管理》1996（b）年第 3 期，第 35—44 頁。

- 閻學通：《中國國家利益分析》，天津人民出版社 1996（c）年版。

- 閻學通：《中國崛起的國際環境評估》，《戰略與管理》1997（b）年第 1 期，第 17—25 頁。

- 楊伯江：《日美安全保障聯合宣言》，《現代國際關係》1996 年第 6 期，第 2—6 頁。

- 尹保雲：《集權官僚制的現代化道路：韓國發展經驗探索》，《戰略與管理》1994 年第 2 期，第 35—42 頁。

- 張伯里：《論綜合國力要素》，《世界經濟與政治》1989 年第 12 期，第 7—15 頁。

- 張國成：《日本憲法面臨考驗》，《人民日報》1996 年 4 月 23 日，第 6 版。

- 張寬：《歐美人眼中的“非我族類”》，《讀書》1993 年第 9 期，第 3—9 頁。

- 張寬：《再談薩伊德》，《讀書》1994 年第 10 期，第 8—14 頁。

- 張曙光：《國家能力與制度變革和社會轉型》，《中國書評》1995 年第 3 期，第 5—22 頁。

- 張雅君：《中國對美國的戰略思維與行動：圍堵與反圍堵》，《中國大陸研究》卷 40：5（1997 年 5 月），第 19—35 頁。

- 趙軍：《“天下為公”與世紀之交的中國民族主義》，《戰略與管理》1996 年第 1 期，第 1—3 頁。

- 趙紫陽：《沿著有中國特色的社會主義道路前進》，《人民日報》1987 年 11 月 4 日，第 1—4 版。

- 鄭永年：《後冷戰時期東南亞權力格局與中國角色》，《當代中國研究》1996 年第 2 期，第 48—62 頁。

- 鍾財編：《中共中央關於制定國民經濟和社會發展“九五”計劃和 2010 年遠景目標的建議》，人民出版社 1995 年版。

- 周光召：《論持續發展戰略》，《求是》1995 年第 12 期，第 7—11 頁。

- 周琪：《冷戰後中美關係現狀：共同利益與政治》，《東方》1995 年第 6 期，第 73—77 頁。

- 周小川：《外貿體制改革的探討》，中國展望出版社 1990 年版。

- 朱鎔基：《中國為緩解亞洲經濟危機做出“犧牲”》，《聯合早報》1998 年 4 月 7 日。

- 宗藍海：《中共議定國際頭號敵人》，《爭鳴》1994 年 1 月號，第 16—18 頁。

英文

- Anderson, Benedict. *Imagined Communities: Reflections on the Origins and Spread of Nationalism*, London, Verso, 1991.

- Averill, Stephen C., "The New Life in Action: The Nationalist Government in South Jiangxi", *China Quarterly*, 88 (December 1981): 594-828.

- Barme, Geremie R., "To Screw Forigners Is Patriotic: China's Avaant-Farde Nationalists", in Jonathan Unger (ed.), *China's Nationalism*, Armond, NY, M. E. Sharp, 1996: 183-208.

- Bernstein, Richard & Ross H. Munro, *The Coming Conflict with China*, NY, Knopf, 1997.

- Bosworth, Stephen W., "The United States and Asia", *Foreign Affairs*, 72, 5 (November/December 1993): 59-85.

- Breuilly, J., *Nationalism and the State*, Manchester University Press, 1982.

- Brewer, Anthony, *Marxist Theories of Imperialism: A Critical Survey*, London, Routledge, 1980.

- Brown, Michael E., Sean M. Lynn-Jones & Steven E. Miller (eds), *East Asian Security*, Cambridge, MA, MIT Press, 1997.

- Buzan, Barry & Gerald Segal, "Rethinking East Asian Security", *Survival*, 36, 2 (Summer 1994): 3-21.

- Catley, Bob & Makmur Keliat, *Spratlys: The Dispute in the South China Sea*, Aldershot, Ashgate Publishing Limited, 1997.

- *The China Quarterly*, "Greater China", special issue 136 (1993).

- *The China Quarterly*, "China's Military in Transition", special issue 146 (June 1996).

- Chou, Yu-sen, "Nationalism ad Patriotism in China", *Issues and Studies*, 32, 11 (November 1996): 67-86.

- Christensen, Thomas J., "Chinese Realpolitik", *Foreign Affairs*, 75, 5 (September/October 1996): 37-52.

- Cline, Ray S., *The Power of Nations in the 1990s: A Strategic Assessment*, Lanham, Maryland, University of American Press, 1994.

- Clinton, Bill, "Advance the Common Interest in a More Open China", *International Herald Tribune* (June 1, 1994): 8.

- Cohen, Paul A., *Between Tradition and Modernity: Wang T'ao and Reform in Late Ch'ing China*, Cambridge, MA, Harvard University Press, 1974.

- Cohen, Paul A., *Discovering History in China: American Historical Writing on the Recent Chinese Past*, NY, Columbia University Press, 1984.

- Cohen, Paul A., "Post-Mao Reform in Historical Perspective", *The Journal of Asian Studies*, 47, 3 (1988): 519-541.

- Connor, Walker, "Nation-Building or Nation-Destroying?", *World Politics*, 24 (April 1972): 319-355.

- Crowe, William J. Jr. & Alan D. Romberg, "Rethinking Security in the Pacific", *Foreign Affairs*, 70: 2 (Spring 1991): 123-140.

- Cumings, Bruce, "The World Shakes China", *The National Interest*, 43 (Spring 1996): 20-27.

- Curtis, Gerald L. (ed.), *The United States, Japan, and Asia: Challenge for U.S. Policy*, NY, W. W. Norton & Company, Inc., 1994.

- Deutsch, Karl W. et al., *Political Community in the North Atlantic Area: International Organization in the Light of Historical Experience*, Princeton, NJ, Princeton University Press, 1957.

- Dikotter, Frank, *The Discourse of Race in Modern China*, Stanford, CA, Stanford University Press, 1992.

- Dittmer, Lowell & Samuel S. Kim, "Wither China's Quest for National Identity?", in *China's Quest for National Identity*, Ithaca, NY, Cornell University Press, 1993: 237-290.

- Dogan, M. & D. Pelassy, *How to Compare Nations: Strategies in Comparative Politics*, Catham, NJ, Chatham House, 1984.

- Doyle, Michael, "Kant, Liberal Legacies, and Foreign Affairs", Part I and II, *Philosophy and Public Affairs*, 12, 3-4 (1983): 205-235, 323-353.

- Doyle, Michael, "Liberalism and World Politics", *American Political Science Review*, 80, 4 (1986): 1151-1161.

- Dreyer, June Teufel, *China's Forty Millions: Minority Nationalities and National Integration in the People's Republic of China*, Cambridge, MA, Harvard University Press, 1976.

- Dreyer, June Teufel, "The PLA and Regionalism in Xinjiang", *The Pacific Review*, 7, 1 (1994): 41-56.

- Duara, Prasenjit, "De-Constructing the Chinese Nation", in Jonathan Unger (ed.), *Chinese Nationalism, Armonk*, NY, M. E. Sharpe, 1996: 31-55.

- Dzurek, Daniel J., *The Spratly Islands Dispute: Who's On First?*, Maritime Briefing, vol. 2, no. 2, International Boundaries Research Unit, University of Durham, UK, 1996.

- *The Economist*, "A Survey of China" (November 28, 1992): 1-18.

- *The Economist*, "Containing China" (July 31, 1995): 11-12.

- *The Economist*, November 23, 1996.

- *The Economist*, "American's Does of Sinophobia" (March 29, 1997a): 29-30.

- *The Economist*, "How American See China" (October 25, 1997b): 22.

- Evans, Peter B., Harold K. Jacobson & Robert D. Putnam (eds.), *Double-Edged Diplomacy: International Bargaining and Domestic Politics*, Berkeley, CA, University of California Press, 1993.

- Fairbank, John King (ed.), *The Chinese World Order: Traditional China's Foreign Relations*, Cambridge MA, Harvard University Press, 1968.

- Fitzgerald, John, "The Nationless State: The Search for a Nation in Modern Chinese Nationalism", in Jonathan Unger (ed.), *Chinese Nationalism*, NY, M. E. Sharpe, 1996: 56-85.

- Friedberg, Aaron L., "Ripe for Rivalry: Prospects for Peace in a Multipolar Asia", *International Security*, 18, 3 (Winter 1993/1994): 5-33.

- Friedman, Edward, *National Identity and Democratic Prospects in Socialist China*, Armond, NY, M. E. Sharpe, 1995.

- Friedman, Edward, "Chinese Nationalism, Taiwan Autonomy and the Prospects of a Larger War," *Journal of Contemporary China*, 6, 14 (1997): 5-32.

- Friedman, Milton, *Friedman in China* (in Chinese), Hong Kong, The Chinese University of Hong Kong Press, 1991.

- Friend, Theodore, *The Blue-Eyed Enemy: Japan Against the West in Java and Luzon, 1942-1945*, Princeton, NJ, Princeton University Press, 1988.

- Fukuyama, Francis, "The End of History?", *The National Interest*, 16 (Summer 1989): 3-18.

- Gallagher, Michael G., "China's Illusory Threat to the South China Sea", *International Security*, 19, 1 (Summer 1994): 169-194.

- Garnaut, Ross & Guonan Ma, "How Rich Is China?", *Australian Journal of Chinese Affairs*, 30 (1993): 121-147.

- Gellner, Ernest, *Nations and Nationalism*, Ithaca, NY, Cornell University Press, 1983.

- Gilpin, Robert, *War and Change in World Politics*, NY, Cambridge University Press, 1981.

- Gladney, Dru C., *Muslim Chinese: Ethnic Nationalism in the People's Republic*, Cambridge, MA, Harvard University Press, 1991.

- Gladney, Dru C., "China's Ethnic Reawakening", *Asia Pacific Issues*, Analysis from the East-West Center, 18 (January 1995).

- Goh Chok Tong, "Global Economic Trends and Development: The China Factor in the World Economy", keynote address at the Asia Society International Corporate Conference in Beijing on May 13, 1995, press release by Singapore's Ministry of Information and the Art, Release no. 14, May 1995.

- Goldman, Merle, *Sowing the Seeds of Democracy in China: Political Reform in the Deng Xiaoping Era*, Cambridge, MA, Harvard University Press, 1994.

- Goldman, Merle, Perry Link & Su Wei, "China's Intellectuals in the Deng Era: Loss of Identity with the State", in Lowell Dittmer & Samuel Kim (eds), *China's Quest for National Identity*, Ithaca, NY, Cornell University Press, 1993: 125-153.

- Goodman, David, "The PLA and Regionalism in Guangdong", *The Pacific Review*, 7, 1 (1994): 29-40.

- Goodman, David & Gerald Segal (eds.), *China Deconstructs*, London, Routledge, 1994.

- Gourevitch, Peter, *Politics in Hard Time: Comparative Responses to International Economic Crisis*, Ithaca, NY, Cornell University Press, 1986.

- Greenfield, Jeanette, *China's Practice in the Law of the Sea*, Oxford, Clarendon Press, 1992.

- Guilbernau, Montserrat, *Nationalism: The Nation-State and Nationalism in the Twentieth Century*, Cambridge, Polity Press, 1996.

- Haas, Ernest B., *The Uniting of Europe: Political, Social, and Economic Forces, 1950-1957*, Stanford, CA, Stanford University Press, 1958.

- Hamrin, Lee Carol, *China and the Challenge of the Future: Changing Political Patterns*, Boulder, CO, Westview Press, 1990.

- Harding, Harry, *China's Second Revolution: Reform after Mao*, Washington, DC, Brookings Institution, 1987.

- Harrison, James, *Modern Chinese Nationalism*, NY, Research Institute on Modern Asia, Hunter College of the City of New York, no date.

- Harrison, Selig S., *The Widening Gulf: Asian Nationalism and American Policy*, NY, The Free Press, 1978.

- The Heritage Foundation, "China Should Adhere to Rules of the Road", *Backgrounder*, 243 (March 29 1995).

- Hinsley, F. H., *Nationalism and the International System*, London, Hodder & Stoughton, 1973.

- Hirschman, Albert O., *Exit, Voice, and Loyalty: Responses to Decline in Firms, Organizations, and States*, Cambridge, MA, Harvard University Press, 1970.

- Hobsbawn, Eric & Terrance Ranger, *The Invention of Tradition*, Cambridge, Cambridge University Press, 1983.

- Hsiao, Kung-chuan, *A History of Chinese Political Thought*, translated by F. W. Mote, vol. 1, Princeton, NJ, Princeton University Press, 1979.

- Hsu, Immanuel C. Y., *China's Entrances into the Family of Nations: The Diplomatic Phase, 1858-1880*, Cambridge, MA, Harvard University Press, 1960.

- Huang Yasheng, "Why China Will Not Collapse", *Foreign Policy*, 99 (Summer 1995): 54-68.

- Huang Yasheng, *Inflation and Investment Control in China: The Political Economy of Central- Local Relations During the Reform Era*, NY, Cambridge University Press, 1996.

- Hunt, Michael H., "Chinese National Identity and the Strong State: The Late Qing-Republican Crisis", in Lowell Dittmer & Samuel S. Kin (eds), *Chinese Quest for National Identity*, Ithaca, NY, Cornell University Press, 1993: 62-79.

- Huntington, Samuel P., "The Clash of Civilization?", *Foreign Affairs*, 72, 3 (Summer 1993): 22-49.

- Huntington, Samuel P., "Political Conflict after the Cold War," in Arthur Melzer (ed.), *History and the Idea of Progress*, Ithaca, NY, Cornell University Press, 1995: 137-154.

- Iriye, Akira, *China and Japan in Global Setting*, Cambridge, MA, Harvard University Press, 1992.

- Jansen, Marius B., *Japan and China: From War to Peace, 1894-1972*, Chicago, Rand McNally Publishing Company, 1975.

- Joffe, Ellis, "The PLA and the Chinese Economy: the Impact on Involvement", *Survival*, 37, 2 (Summer 1995): 24-43.

- Joffe, Ellis, "Regionalism in China: the Role of the PLA", *The Pacific Review*, 7, 1 (1994): 17-28.

- Johnson, Chalmers A., *Peasant Nationalism and Communist Power: The Emergence of Revolutionary China, 1937-1945*, Stanford, CA, Stanford University Press, 1962.

- Johnston, Alastair Iain, *Cultural Realism: Strategic Culture and Grand Strategy in Chinese History*, Princeton, NJ, Princeton University Press, 1995.

- Johnston, Alastair Iain, "Cultural Realism and Strategy in Maoist China", in Peter J. Katzenstein (ed.), *The Culture of National Security: Norms and Identity in World Politics*, NY, Columbia University Press, 1996: 216-68.

- Karmel, Solomon M., "Ethnic Tension and the Struggle for Order: China's Policies in Tibet", *Pacific Affairs*, 68, 4 (Winter 1995-96): 485-508.

- Katzenstein, Peter J., "International Relations and Domestic Structures: Foreign Economic Policies of Advanced Industrial States", *International Organization*, 30 (Winter 1976): 1-45.

- Katzenstein, Peter J., *Small States in World Politics: Industrial Policy in Europe*, Ithaca, NY, Cornell University Press, 1985.

- Katzenstein, Peter J. (ed.), *The Culture of National Security*, NY, Columbia University Press, 1996a.

- Katzenstein, Peter J., *Cultural Norms and National Security: Police and Military in Post War Japan*, Ithaca, NY, Cornell University Press, 1996b.

- Kellas, James, *The Politics of Nationalism and Ethnicity*, London, Macmilan, 1991.

- Kennedy, Paul, *The Rise and Fall of the Great Powers: Economic Change and Military Conflict from 1500 to 2000*, NY, Random House, 1987.

- Keohane, Robert O. & Joseph S. Nye, *Power and Interdependence*, Boston, Little & Brown, 1977.

- Kim, Samuel S., "China and the World in Theory and Practice", in Kim (ed.), *China and the World: Chinese Foreign Relations in the Post-Cold War Era*, 3rd edition, Boulder, CO, Westview Press, 1994: 3-41.

- Kissinger, Henry, "Four Proposals to Get the United States and China off their Collision Course", *International Herald Tribune* (July 24, 1995): 9.

- Klotz, Audie, *Norms in International Relations: The Struggle against Apartheid*, Ithaca, NY, Cornell University Press, 1995.

- Kornberg, Judith F., "Comprehensive Engagement: New Framework for Sino-American Relations", *The Journal of East Asian Affairs*, 4, 1 (Winter/Spring 1996): 18-23.

- Kowert, Paul & Jeffrey Legro, "Norms, Identity, and Their Limits: A Theoretical Reprise", in Peter J. Katzenstein (ed.), *The Culture of National Security: Norms and Identity in World Politics*, NY, Columbia University Press, 1996: 451-497.

- Krasner, Stephen D., *Defending the National Interest: Raw Material Investment and U.S. Foreign Policy*, Princeton, NJ, Princeton University Press, 1978.

- Krauthammer, Charles, "Why We Must Contain China", *Time*, 146, 5 (July 31, 1995): 72.

- Kristof, Nicholas D., "The Rise of China", *Foreign Affairs*, 72, 5 (November/December 1993): 59-73.

- Kuhn, Philip A., "Local Self-Government under the Republic: Problems of Control, Autonomy, and Modernization", in Frederic Wakeman, Jr. & Carolyn Grant (eds.), *Conflict and Control in Late Imperial China*, Berkeley, CA, University of California Press, 1975: 257-298.

- Kumar, Anjali, "China's Reform, Internal Trade and Marketing", *The Pacific Review*, 7, 3 (1994): 323-340.

- Kurth, James, "America's Grand Strategy: A Pattern of History", *The National Interest*, 43 (Spring 1996): 3-19.

- Lardy, Nicholas R., *Foreign Trade and Economic Reform in China, 1978-1990*, Cambridge, Cambridge University Press, 1992.

- Lardy, Nicholas R., *China in the World Economy*, Washington, DC, Institute for International Economy, 1994.

- Layne, Christopher, "The Unipolar Illusion: Why New Great Powers Will Rise", *International Security*, 17, 4 (Spring 1993): 5-51.

- Lee, Peter, N. S., *Industrial Mangement and Economic Reform in China, 1949-1984*, Hong Kong, Oxford University Press, 1987.

- Lee Siew Hua, "China Will Be 'More Democratic over Time'", *The Straits Times*, Singapore (January 30, 1997): 1.

- Levenson, Joseph L., *Modern China and Its Confucian Past: The Problem of Intellectual Continuity*, NY, Anchor Books, 1964.

- Levenson, Joseph L., *Liang Ch'I Ch'ao and the Mind of Modern China*, Berkeley, CA, University of California Press, 1970.

- Levine, Steven I., "China in Asia: The PRC as a Regional Power", in Harry Harding (ed.), *China's Foreign Relations in the 1980s*, New Haven, Yale University Press, 1984: 107-145.

- Liao, Kuang-sheng, *Anti-foreignism and Modernization in China, 1860-1980*, Hong Kong, The Chinese University Press, 1984.

- Lieberthal, Kenneth, "Domestic Politics and Foreign Policy", in Harry Harding (ed.), *China's Foreign Relations in the 1980s*. New Haven, Yale University Press, 1984: 43-70.

- Lieberthal, Kenneth, "Domestic Forces and Sino-U.S. Relations", in Ezra F. Vogel (ed.), *Living With China: U.S.-China Relations in the Twenty-First Century*, NY, W. W. Norton & Company, 1997: 254-276.

- Lin Bih-jaw & Li-min Fan (eds.), *Education in Mainland China: Review and Evaluation*, Taipei, Institute of International Relations, 1990.

- Lin, Chong-Pin, *China's Nuclear Weapons Strategy: Transition within Evolution*, Lexington, MA, Lexington Books, 1988.

- Lin, Chong-Pin, "The Role of the PLA in China's Center-Regional Interactions", paper presented at the Conference on "Regulating Decentralization and System Alternation in China", sponsored by the Center for Contemporary China Studies, Princeton University, October 22, 1994.

- Lin, Yu-sheng, *The Crisis of Chinese Consciousness*, Madison, The University of Wisconsin Press, 1979.

- Liu, Alan P. L., *How China Is Ruled*, Englewood Cliffs, NJ, Prentice-Hall, Inc., 1986.

- Liu, Ji, "Making the Right Choices in Twenty-First Century Sino-American Relations", speech delivered at the Fairbank Center for East Asian Research, Harvard University, May 27, 1997.

- Lo, Chi-kin, *China's Policy Towards Territorial Disputes: The Case of the South China Sea Islands*, London: Routledge, 1989.

- Mark, Andrew, "Key Issues in the Asia-Pacific", in Richard Leaver & James L. Richardson (des.), *The Post-Cold War Order: Diagnoses and Prognoses*, Allen & Unwin, 1993: 147-159.

- Mackerras, Colin, *China's Minorities: Integration and Modernization in the Twentieth Century*, Hong Kong, Oxford University Press, 1994.

- Mancall, Mark, *China at the Center: 300 Years of Foreign Policy*, NY, Free Press. 1984.

- Mao Zedong, "The Role of the Chinese Communist Party in the National War", in Mao, *Selected Works of Mao Tse Tung*, vol. II, Beijing, Foreign Languages Press, 1975: 195-211.

- Marland, Bryce, "China Isn't a Military Power", *International Herald Tribune*, November 15, 1996: 8.

- Mayall, James, *Nationalism and International Society*, Cambridge, Cambridge University Press, 1991.

- Mccord Edward Allen, *The Power of Gun*, Berkeley, CA, University of California Press, 1993.

- Mcmillen, Donald H., "The PLA and Regionalism in Hong Kong", *The Pacific Review*, 7, 1 (1994): 57-66.

- Mearsheimer, John J., "Back to the Future: Instability in Europe After the Cold War", *International Security*, 15, 1 (Summer 1990): 5-56.

- Mearsheimer, John J., "The False Promise of International Institutions", *International Security*, 19: 3 (Winter 1994-95): 5-49.

- Mercer, Jonathan, "Anarchy and Identity", *International Security*, 49, 2 (Spring 1995): 229-252.

- Metzger, Thomas A. & Ramon H. Myers (eds.), *Greater China and U.S. Foreign Policy*, Stanford, CA, Hoover Institution Press, 1996.

- Mommsen, Wolfgang J., *Theories of Imperialism*, translated by P. S. Falla, Chicago, The University of Chicago Press, 1977.

- Mongenthau, Hans J., "The Paradoxes of Nationalism", *Yale Review*, xlvi, 4 (June 1957): 481.

- Mongenthau, Hans J., *Politics among Nations: The Struggle for Power and Peace*, 5th edition, NY, Knopf, 1973.

- Munck, Ronaldo, *The Difficult Dialogue: Marxism and Nationalism*, London, Zed Books Ltd, 1986.

- Munro, Ross H., "Awakening Dragon: The Real Danger in Asia Is from China", *Policy Review*, 62 (Fall 1992): 10-16.

- Nathan, Andrew, *Chinese Democracy*, NY, Alfred A. Knopf, 1985.

- Nye, Joseph S. Jr., "The Case for Deep Engagement", *Foreign Affairs*, 74, 4 (1995): 90-102.

- Oi, Jean C., "Fiscal Reform and the Economic Foundation of Local State Corporatism in China", *World Politics*, 45 (October 1993): 99-126.

- Oi, Jean C., *Rural China Takes Off: Incentives for Industrialization*, Berkeley, CA, University of California Press, 1996.

- Ojha, Ishwer C., *Chinese Foreign Policy in an Age of Transition: The Diplomacy of Cultural Despair*, Boston, Beacon Press, 1971.

- Oksenberg, Michel, "China's Confident Nationalism", *Foreign Affairs*, 65, 3 (1986-87): 501-523.

- Overholt, William H., "Asia and America in Clinton's Second Term: A New Cold War?", *Bankers Trust Research*, Hong Kong, April 21, 1997.

- Owen, John M., "How Liberalism Produces Democratic Peace", *International Security*, 19, 2 (1994): 87-125.

- Oxnam, Robert B., "Asia-Pacific Challenges", *Foreign Affairs*, 72, 1 (1993): 58-73.

- Petracca, Mark P. & Mong Xiong, "The Concept of Chinese Neo-Authoritarianism: An Exploration and Democratic Critique", *Asian Survey*, xxx, 11 (November 1990): 1099-117.

- Putnam, Robert D., "Diplomacy and Domestic Politics: the Logic of Two-Level Games", *International Organization*, 42, 3 (Summer 1988): 427-460.

- Pye, Lucian, "China: Erratic State, Frustrated Society", *Foreign Affairs*, 69, 4 (Fall 1990): 56-74.

- Pye, Lucian, "How China's Nationalism Was Shanghaied?", in Jonathan Unger (ed.), *Chinese Nationalism*, Armonk, NY, M. E. Sharpe, 1996: 86-112.

- Rankin, Mary, *Early Chinese Revolutionaries: Radical Intellectuals in Shanghai and Chekiang, 1902-1911*, Cambridge, MA, Harvard University Press, 1971.

- Rielly, John E., *American Public Opinion and U.S. Foreign Policy, 1995*, Chicago, Chicago Council on Foreign Relations, 1995.

- Qian Qichen's talk in the first conference of the ASEAN Forum, *RMRB* (overseas edition), 26 July 1994b.

- Robinson, Thomas W. & David Shambaugh (eds.), *Chinese Foreign Policy: Theory and Practice*, Oxford University Press, 1995.

- Rosen, Stanley & Gary Zou (eds.), "The Chinese Debates on the New Authoritarianism, I, II, III, and IV", in *Chinese Sociology and Anthropology*, Winter 1990-91, Spring, Summer, and Fall 1999.

- Rosenau, James, *Linkage Politics: Essays on the Convergence of National and International System*, NY, Free Press, 1969.

- Ross, Robert S., "Beijing as a Conservative Power", *Foreign Affairs*, 76, 2 (March/April 1997a): 35-44.

- Ross, Robert S., "Why Our Hardliners Are Wrong", *The National Interest*, 49 (Fall 1997b): 42-51.

- Rousseau, Jean-Jacques, *Rousseau: Political Writings*, Frederick Watkins (editor/translator), Edinburg, Nelson, 1953.

- Roy, Denny, "Hegemon on the Horizon? China's Threat to East Asian Security", *International Security*, 19, 1 (Summer 1994): 149-168.

- Roy, Denny, "Assessing the Asian-Pacific 'Power Vacuum'", *Survival*, 37, 3 (Autumn 1995): 45-60.

- Roy, Denny, "The 'China Threat' Issue: Major Arguments", *Asian Survey*, xxxvi, 8 (August 1996): 758-771.

- Rozman, Gilbert, *The Chinese Debate about Soviet Socialism, 1978-1985*, Princeton, NJ, Princeton University Press, 1984.

- Russett, Bruce, *Grasping the Democratic Peace: Principles for a Post-Cold War World*, Princeton, NJ, Princeton University Press, 1993.

- Said, Edward W., *Orientalism*, NY, Vintage Book, 1979.

- Schrecker, John E., *Imperialism and Chinese Nationalism: Germany in Shantung*, Cambridge, MA, Harvard University Press, 1971.

- Schurmann, Franz, *Ideologies and Organization in Communist China*, Berkeley, CA, University of California Press, 1968.

- Schwartz, Benjamin, *In Search of Wealth and Power*, NY, Harper Torchbook, 1964.

- Segal, Gerald, *China Changes Shape: Regionalism and Foreign Policy*, Adephi Paper 287, London, Brassey's For IISS, March 1994.

- Segal, Gerald, "Tying China into the International System", *Survival*, 37, 2 (Summer 1995a): 6-73.

- Segal, Gerald, "Rising Nationalism in China Worries the Japanese", *International Herald Tribune*, 28 (September 1995b): 10.

- Segal, Gerald, "East Asia and the 'Containment' of China", *International Security*, 20, 4 (Spring 1996): 107-135.

- Segal, Gerald & Richard Yang (eds.), *Chinese Economic Reform: the Impact on Security*, London, Routledge, 1996.

- Shambaugh, David, *Beautiful Imperialism: China Perceives America, 1972-1990*, Princeton, NJ, Princeton University Press, 1991.

- Shambaugh, David, "Growing Strong: China's Challenge to Asian Security", *Survival*, 36, 2 (Summer 1994): 43-59.

- Shee, Poon Kim, "Is China a Threat to the Asia-Pacific Region?", in Wang Gungwu and John Wong (eds.), *China's Political Economy*, World Scientific and Singapore University Press, 1998: 339-358.

- Shi Yinhong, "Why Against China?" *BR* (October 21-27, 1996a): 11.

- Shinn, James (ed.), *Weaving the Net: Conditional Engagement with China*, NY, Council on Foreign Relations Press, 1996.

- Shirk, Susan, *The Political Logic of Economic Reform in China*, Berkeley, CA, University of California Press, 1993.

- Shune, Vivienne, *The Reach of the State: Sketches of the Chinese Body Politic*, Stanford, CA, Stanford University Press, 1988.

- Si Cheng, "Chinese Say 'No' to the United States", *BR* (October 21-27, 1996): 13.

- Singh, Bilveer, "The Challenge of the Security Environment in South-east Asia in the Post-Cold War Era", *Australian Journal of International Affairs*, 47, 2 (October 1993): 263-277.

- *South China Morning Post,* October 26, 1997.

- *South China Morning Post,* March 3, 198.

- Strand, David: "Political Participation and Political Reform in Post-Mao China (1985)", *Copenhagen Discussion Paper No. 6*, Center for East and Southeast Asian Studies, University of Copenhagen, 1989.

- Sullivan, Roger W., "Discarding the China Card", *Foreign Policy*, (Spring 1992): 3-23.

- Sun Wen (Sun Yat-sen), *Sanmin Chu I: The Three Principles of the People*, F. W. Prince (translator), Shanghai, China Committee, Institute of Pacific Relations, 1927.

- Swaine, Michael, "Don't Demonize China: Rhetoric about its Military Might Doesn't Reflect Reality", *Washington Post* (May 18, 197), C1 and C4.

- Swindler, Ann, "Culture in Action: Symbols and Strategies", *American Sociological Review*, 51, 2 (1986): 273-286.

- Szporluk, Roman, *Communism and Nationalism: Karl Marx versus Friedich List*, NY, Oxford University Press, 1988.

- Talbot, Strobe, "Democracy and the National Interest", *Foreign Affairs*, 75, 6 (1996): 47-63.

- Taylor, Bruce, "Regional Planning for Reciprocal Benefit in South China", in Kwan-yiu Wong et al. (eds.), *Perspectives on China's Modernization*, Hong Kong, The Chinese University of Hong Kong Press, 1990: 18-27.

- Teng, Ssu-yu & John King Fairbank, *China's Response to the West: A Documentary Survey, 1839-1923*, Cambridge, MA, Harvard University Press, 1979.

- Tilly, Charles (ed.), *The Formation of National States in Western Europe*, Princeton, NJ, Princeton University Press, 1975.

- Vogel, Ezra F., *One Step Ahead in China: Guangdong under Reform*, Cambridge, MA, Harvard University Press, 1989.

- Vogel, Ezra F. (ed.), *Living with China: U.S.-China Relations in the Twenty-First Century*, NY, W. W. Norton & Company, 1997.

- Walder, Andrew G., "Local Governments as Industrial Firms: An Organizational Analysis of China's Transitional Economy", *American Journal of Sociology*, 101, 2 (September 1995): 263-301.

- Waldron, Authur N., "Representing China: The Great Wall and Cultural Nationalism in the Twentieth Century", in Harumi Befu (ed.), *Cultural Nationalism in East Asia: Representation and Identity*, Berkeley, Institute of East Asian Studies, University of California, 1993: 36-60.

- Waldron, Authur N., "Theories of Nationalism and Historical Explanation", *World Politics*, xxxvii, 3 (April 1985): 416-431.

- Waltz, Kenneth, *Theory of International Politics*, Reading, MA, Addison-Wesley, 1979.

- Wang, David, "The East Turkestan Movement in Xinjiang: A Chinese Potential Source of Instability?", *EAI Background Brief* No. 7, East Asian Institute, National University of Singapore, January 31, 1998.

- Wang Gungwu, *The Chinese Way: China's Position in International Relations*, Oslo, Scandinavian University Press, 1995.

- Wang Gungwu, "National Choice", *Pacific Economic Paper No. 260*, Australia-Japan Research Center, Research School of Pacific and Asian Studies, The Australian National University, October 1996a.

- Wang Gungwu, *The Revival of Chinese Nationalism*, Leiden, International Institute for Asian Studies, 1996b.

- Wang Gungwu, *Nationalism and Confucianism*, Wu Teh Yao Memorial Lectures 1996, Singapore, National University of Singapore, UniPress, 1996c.

- Wang Jisi, "US China Policy: Containment or Engagement?", *BR* (October 21-27, 1997): 6-8.

- Wang Jisi, Shi Yinghong & Zhang Baijia, "Scholars Refute Book's Views on US-China Relations", *BR* (June 2-8, 1997): 8-12.

- Wang Jianwei, *United States-China Mutual Images in the Post-Tiananmen Era: A Regression or Sophistication?* Ann Arbor, University of Michigan, Political Science Department, doctoral dissertation, 1994.

- White, Gordon, "Developmental States and Socialist Industrialization in the Third World", *Journal of Development Studies*, 21, 1 (1984): 97-120.

- The White House, *Fact Sheet: Accomplishments of the U.S.-China Summit*, October 29, 1997.

- Whiting, Allen S., "Assertive Nationalism in Chinese Foreign Policy", *Asian Survey*, 23, 8 (1983): 913-933.

- Whiting, Allen S., *China Eyes Japan*, Berkeley, CA, University of California Press, 1989.

- Whiting, Allen S., "Chinese Nationalism and Foreign Policy After Deng", *The China Quarterly*, 142 (1995): 295-316.

- Whitney, Joseph B. R., *China: Area, Administration, and Nation Building*, Chicago, Department of Geography, The University of Chicago, 1970.

- Wong, John, "*Xiao-Kang:* China's Concepts of Socio-Economic Development", *IEAPE Background Brief No. 101*, Singapore, September 14, 1996a.

- Wong, John, "China's Economy in the 21st Century: An Asian Perspective", *JETRO China Newsletter*, 120 (Jan.-Feb. 1996b): 12-19.

- Wu Guoguang, "Leadership, Power Structure, and Possible Policy Conflicts of the CCP after its 14th Congress", *Paper of the Center for Modern China*, 4, 27 (1993).

- *Xinhua English Newswire*, "Policy on the Dalai Lama Remains Unchanged", September 5, 1997.

- The Xinhua News Agency, "Youth Polled on Japan's Invasion of China", FBIS-CHI-97-032, February 16, 1997.

- Xu Yimin et al., "The United States Must Correct Its Stance on Taiwan," *CD*, January 6, 1996 :4.

- Yan Xuetong, "Containment Policy Harms all Interests", *CD*, June 9, 1994:4.

- Yan Xuetong, "Sino-US Dialogue Cuts Misunderstanding", *CD* (November 8, 1997a): 4.

- Yang, Richard et al. (eds.), *Chinese Regionalism: the Security Dimension*, Boulder, CO, Westview Press, 1994.

- Young, Crawford, *The Politics of Cultural Pluralism*, Madison, University of Wisconsin Press, 1976.

- Young, Ernest P., *The Presidency of Yuan Shih-K'ai: Liberalism and Dictatorship in Early Republic China*, Ann Arbor, University of Michigan Press, 1977.

- Yu, Bin, "The Study of Chinese Foreign Policy: Problems and Prospect", *World Politics*, 46 (January 1994): 235-261.

- Zang, Xiaowei, "The Fourteenth Central Committee of the CCP", *Asian Survey*, xxxiii, 8 (August 1993): 787-803.

- Zhao, Shusheng, "Chinese Intellectuals' Quest for National Greatness and Nationalistic Writing in the 1990s", *The China Quarterly*, 152 (9 December 1997): 725-745.

- Zheng, Yongnian, "Development and Democracy: Are They Compatible in China?", *Political Science Quarterly*, 109: 2 (Summer 1994a): 35-59.

- Zheng, Yongnian, "Perforated Sovereignty: Provincial Dynamism and China's Foreign Trade", *The Pacific Review*, 7, 3 (1994b): 309-321.

- Zheng, Yongnian, "Power and Agenda: Jiang Zemin's New Political Initiatives at the CCP's Fifteenth Congress", *Issues and Studies*, 33, 11 (November 1997): 35-57.

- Zheng, Yongnian & Li Jinshan, "China's Politics after the Ninth National People's Congress: Power Realignment", *EAI Background Brief 11*, The East Asian Institute, National University of Singapore, March 1998.

- Zwick, Peter, *National Communism*, Boulder, CO, Westview Press, 1983.

責任編輯	李　斌
書籍設計	道　轍
書籍排版	何秋雲

書　　名	**鄭永年論中國：中國民族主義新解**
著　　者	鄭永年
譯　　者	陳納慧
出　　版	三聯書店（香港）有限公司 香港北角英皇道 499 號北角工業大廈 20 樓 Joint Publishing (H.K.) Co., Ltd. 20/F., North Point Industrial Building, 499 King's Road, North Point, Hong Kong
香港發行	香港聯合書刊物流有限公司 香港新界荃灣德士古道 220-248 號 16 樓
印　　刷	美雅印刷製本有限公司 香港九龍觀塘榮業街 6 號 4 樓 A 室
版　　次	2022 年 9 月香港第一版第一次印刷
規　　格	大 32 開（140 mm × 210 mm）304 面
國際書號	ISBN　978-962-04-5077-8

© 2022 Joint Publishing (H.K.) Co., Ltd.

Published & Printed in Hong Kong

本書中文繁體字版本由人民東方出版傳媒有限公司授權三聯書店
（香港）有限公司在中華人民共和國大陸以外地區獨家出版、發行。